JN123358

人文学の学び方　探究と発見の喜び

人文学の学び方

― 探究と発見の喜び ―

金 子 晴 勇 著

知泉書館

まえがき

　わたしが大学生であった頃は「人文学概論」という講義は一般に行われていなかった。文学部は哲・史・文に分かれているだけで，その全分野にわたっての解説や説明もなかった。そこで自分自身で概説書や入門書を探しては何とか人文学の全貌について知りたいと思った。そこで敗戦後に人気があった三木清『哲学入門』とか新進気鋭の桑原武夫の『文学入門』，さらには河合栄二郎編『学生と読書』などを読んで人文学について学んだものだった。また，わたしが大学院を出て，就職したとき，当時「一般教育」と呼ばれた学部に属すことになって，「哲学」や「倫理」また「宗教」さらに「論理学」などの科目を担当することになった。大学の教師には中学と高校に対する「教育実習」がなく，最初はどのように学生に教えて良いのか見当も付かず，自己流に授業計画を作らねばならなかった。

　わたしの一般教育の教師としての仕事はこのようにして20年間も続き，その後専門教育の倫理学を担当することになった。当時はわたしが勤めていた立教大学では一週間に60分授業で「哲学」4コマ，「倫理」3コマ，「論理学」1コマも担当させられたので，とても多忙であった。だが2年目からはその授業内容のすべてを暗記してしまい，10年も経つと1年間分の授業内容もすべて頭に入ってしまった。こうして何もノートを見ないですらすらと講義している姿を学生は見てすっかり驚いたようだった。だが，わたしは直ぐそ

れに答えて，これは音楽の演奏家と同じです，彼もすべての曲を暗記していませんか，と返事したものだった。しかし暫くすると，今度はこの記憶から逃れるために，何をはじめたのかというと，それを教科書のなかに移すことによってその記憶から逃れたいと願うようになった。これまでの古い授業内容を終わらせて，新しい計画を立て気分一新しないと，生きていけなくなった。わたしが沢山の書物を書くようになったのもこのような事情が働いていたのである。

　大学では時折非常勤講師として専門教育の授業を担当することもあった。わたしの専門はヨーロッパ思想史の中でもアウグスティヌスとルターの研究であったので，その機会に研究内容を発表することができた。当時は，この分野の研究も入門的なものから本格的な研究に進む段階にまできていた。わたしはその間にドイツに留学してこの分野の研究が進んでいることを学ぶことができた。この分野の研究のためには原資料である著作の翻訳が不可欠であった。そこでわたしはルターで学位論文を完成させた後，アウグスティヌスの著作集の翻訳に編集者として参加するようになった。それから45年の歳月を費やしてこの仕事に携わってきた。現在，その著作集の最終巻の翻訳が手もとにある校正でもって終わろうとしている。その他にも多くの翻訳を手がけ，退職後は暇になったのでこの10年間はその翻訳の完成に当てられた。

　このようなわたしの著作や翻訳の仕事ぶりを見ていて，知泉書館の小山社長は人文学の入門書を書いてみてはどうか，と勧めてくださった。わたしとしてはこれまでそのような入門書を書く計画もなく，すでに最晩年を迎えているので，新しくすべてを書くことはできないが，人文主義の王者と言われているエラスムスを手がかりにするならば，多分書けるか

もしれない，と答えました。こうして本書がわたしの経験を頼りにして書かれることになりました。これから人文学を学びはじめる人に本書が少しでもお役に立つならば，わたしとしてはとても嬉しく思います。

目　次

第1部
人文学とは何か

第2部
研究と教育のアドバイス

第3部
わたし自身の経験から

目　次

人文学の学び方

——探究と発見の喜び——

第 1 部

人文学とは何か

I　人間と文化
——人間は文化的な存在である——

　人類はたいへん長い野蛮時代を経過したのち，未開時代を経て文明時代に到達した。モルガン（Lewis Henry Morgan, 1818-81）の『古代社会』は文字の使用をもって未開と文明の時代区分を立てた。この「文明」が経済や物質の基礎に立つ広義の概念であるのに対し，「文化」は「人間の本質」に直接関連する側面にもとづいて形成される。人文学は人間と文化との関連を絶えず追求し，人間を文化的存在として考察する。ここでは主として人間を，文化を形成する行為的な存在として捉え直してみたい。この行為は次の三つの基本運動から解明できる。その第一は「話す」言語的行為であり，第二は「作る」制作的芸術的行為であり，第三は「行なう」実践的行為である。これらの基本的行為によって文化がどのように形成されるかを考えてみたい。それに先立って，まずは，「文化」の本質について簡単に触れておこう。

1　人間と文化との一般的関連

　「文化」（culture）は一般的にいって二つの側面から理解されている。

文化の二側面

それは，まず第一に，個人的側面から理解される．たとえば「文化人」といえば国や社会の教養階級をさしているように，「文化」とは個人的に形成される人格の「教養」，さらに趣味の育成と洗練，生活の改善を意味し，人間的な調和のとれた円満なる人格と教養をさしている[1]。

次に文化は客観的側面から捉えられており，個人の教養と生活から生まれ，遺産として受け継がれている特定社会の生活様式の全体とその伝統とを意味する．たとえば文化人類学者タイラーによれば，「文化とは社会の一員としての人間によって獲得されたものの複合的全体であり，その中に知識・信仰・芸術・道徳・法律・習俗その他の諸機能と習慣とが含まれる」[2]。そこには個人以上の生活様式の巨大な集積と伝統とが普遍性をもって形成される．こうして日本文化とかギリシア文化とかいった特定社会の全体的生活様式として文化の客観的意味が理解されている．

日本語の「文化」の意味

それは世の中が開けて生活水準が高まった「文明開化」の略字であると思われる．したがって技術によって自然を人間生活の理想にまで高める精神的行為を意味している．ところがギリシア語の「文化」に当たるパイデイア（paideia）

---

[1]　ルネサンス時代にはこうした文化の復興が熱心に進められ，多数のヒューマニストが活躍した．彼らは古代の文化を「再生」させようとしたとき，選び出された学問を「良い文芸」（bonae litterae）と呼び，これによって良い「人間性」（humanitas）が開発されると信じていた．ここに文化と人間性とが積極的に結びつき，文化こそ人間の価値であると熱烈に説かれた．

[2]　E・B・Tayler, Primitive Culture, 1871, p. 1.

は「教育」・「薫陶」・「育成」を意味しており，神や社会に役立つように個人を育成することを意味する[3]。この言葉はラテン語でフマニタス（humanitas）と訳され，「教養」を意味していたが，やがて近代に入ると，その字義にふさわしく，「人間性」をも意味するようになった。ラテン語では文化を表わす言葉としてクルトゥーラ（cultura）が用いられたが，この言葉はクルトゥス（cultus）と同義であって，「耕作・改善・教養・尊崇・礼拝」を意味した。したがって人間生活との関連では文化は基本的には「育成」であり，「心田を耕すこと」に他ならない。

　このことは人間の本性が開発されうる素地と人間がまさしく人間となるという課題とを提示する。しかも人間は特定の社会に生を享け，そこでの生活習慣と伝統とを受容しながら自己実現するのであるから，文化の中で自己を形成し，文化を離れては人間らしい生活は実現しない。それゆえ「人間は文化的動物である」（キケロ）といえよう。

人間と文化

　今日では一般に人間の本性を扱う学問として「人間学」（anthropology）が説かれるようになり，しかも現代の生物学によって大きな影響を受けて成立するようになった。たとえば生物学者ボルクやポルトマンの学説が，今日，人間学者ゲーレンによって受容され，人間生物学として確立された。とりわけ人間はヘルダー以来動物と比較して「欠陥動物」とみなされてきたが，ゲーレンによってこの「欠陥」および

　3）　イェーガーの大著『パイデイア』は個人と社会との有機的な絆としての「教育」の意義をギリシア世界から詳論している。

「負担」を免除すべく，人は目標を立てて行動し，文化を形成するように活動すると説かれた。とくに生物学者ポルトマンの「子宮外早生の一年」という学説は，直立歩行・言葉・技術的行動という人間の基本的な特質が社会のなかで育成される点を指摘した。ここからゲーレンは「訓育」の意義を捉えた。彼によると人間は未形成の素材として生まれてきており，社会のなかで育成される性質を最初からもっている。ところでこの「育成」というのは人間性の開発，つまり文化を意味しており，その結果として「人間は文化的動物である」ということが力説されるようになった。

人間の特質

　このような文化の二面性からわたしたちは人間の特質を次のように指摘することができる。

　（1）文化を創造する人間は自然の世界に所属していても，世界に対して開放的にして超越的であり，自然に働きかけて文化を形成し，人間の理想に適した精神的世界を創造する。

　（2）文化は個人に対して社会的習俗や伝統を通して作用するが，個人によって引き継がれる場合，常に当の個人によって主体的に選別されたうえで受容されるため，それは生ける賜物といえよう。

　（3）したがって個々人の選択と応答さらに改善によって文化は良くも悪くもなる。文化は価値と関係のない没価値的なものではなく，個人の関心や価値観によって取捨選択がなされ，さらに集団の努力によって発展する。

　（4）文化は言語のような象徴的機能によって複雑多様に織り成される世界である。複数にして特殊的かつ相対的であるがゆえに，宗教のような個人にとって絶対的に関心が寄せ

られているものとの両立は可能である。

　それゆえ，次に人間と文化との関連を人間の言語活動を通して考えてみよう。

2　人間の「話す」行為と文化

古来の人間の定義に現われた言語

　昔からよく使われてきた人間の定義に「言語」が重要な意義をもっている。というのも「理性的な動物」（animal rationale）という人間の古い定義がギリシア語にまで遡ると「言葉をもっている動物」（ゾーオン・ロゴン・エコン）に由来し，「言語」と「理性」とが同義となっているからである。実際，ギリシア語のロゴスは「理性」をも「言葉」をも意味する。こうして昔から人間と動物との種差は言語に求められてきた。この言語は人間における最高の象徴機能であって，動物の場合には外界からの感受とそれに反応する機能的連関が本能作用によって直結し，一般的に定型的な反射として与えられているのに対し，人間では感受と反応との間に象徴組織が造られ，反応は思考過程の介入によって遅延し，とくに言語によって織り成される文化の世界を形成する。この点を中心にして新たに人間学が今日確立されるようになった。

人間と言語との関連

　先に指摘した人間学という学問は，人間の自己反省から生まれた自己理解にもとづいて説かれるようになった。この人間学は，とりわけカッシーラー（Ernst Cassirer, 1874-1945）やメルロ＝ポンティによって人間と言語の関連が解明されており，現代の人間学では言語との関連が重視され，人文学と

の関係が重要視されるようになった。

　総じて言語は音声と文字という「記号」体系を通して「意味」を伝達する。記号は物理的であるが，意味は精神的であり，意味を運んでいる記号こそ「象徴」（シンボル）である[4]。わたしたちは自然の対象に知覚作用を向けて事物の認識を得ているように，記号と意味とをつなぐ象徴の機能によって人間文化の世界を構成するのである。ここでは言語の象徴的意義の解明によって言語と人間との密接な関連を問題にしてみたい。

言語の象徴機能

　生物学者ユクスキュル（Jakob Johann von Uexkul, 1864-1944）は生体がその環境に順応しているのみならず，まったく適合している構造を感受系と反応系との間に見られる機能的円環をなす連結において捉え，生物学の新しい批判的見方を拓いた。この原理を利用して人間の世界を解明し，人間の生命の独自の性質を示す特徴をカッシーラーは『人間──この象徴を操るもの』のなかで次のように提唱している。

　　人間の機能的円環は，量的に拡大されるばかりでなく，質的に変化をも受けてきている。人間は，いわば自己を，その環境に適応させる新たな方法を発見した。あらゆる動物の種に見出されるはずの感受系と反応系の間

---

　4)　「象徴」というギリシア語「シュンボロン」は，一つのものの相合う両半分である「割符」を意味している．しかし，そこには使用する人のあいだに約束が交わされる必要があり，シュンボロンはその証拠たる「しるし」として用いられた．だが，「赤」という言葉は少しも赤くないように，「しるし」と「もの」の間は直接対応しないで，記号化は非疑似にまで発展している．

に，人間においては，シンボリック・システム（象徴系）として記載されうる第三の連結をみいだすのである。この新たな機能の獲得は，人間の全生命を変形させる。他の動物にくらべて，人間はただ広さの広い実在のうちに生きているだけではない。人間はいわば新次元の実在中に生きているのである。人間は，ただ物理的宇宙ではなく，シンボルの宇宙に住んでいる。言語，神話，芸術および宗教は，この宇宙の部分をなすものである。それらはシンボルの網を織る，さまざまな糸であり，人間経験のもつれた糸である[5]。

　このカッシーラーの文章は難しいと思われるので，すこし解説をしてみたい。動物は感覚作用をもっており，有名なパヴロフの犬の実験では，食物を見せると唾液を出すという反応が見られる。犬には特定の刺激を感受する機能が授けられている。つまり何かを感受して反応する機能が備わっている。カッシーラーはこの機能を感じ採る仕組みを感じ系と呼び，受け取る仕組みを反応系と言っている。ところが人間にはこの仕組みの間に象徴系という第3の連結が見いだされる。彼はこれをシンボルの網で作られた新次元であるという。たとえば動物は感受系と反応系が直結しているので，間髪を入れずに反応が起こるが，人間の場合には象徴系を通過するので反応が遅くなり，適切に応答することになる。ここに反応と応答の相違が生じてくる。

　ここからカッシーラーは人間を「象徴的動物」（animal symbolicum）として定義する。この定義に示される動物と

　5）　カッシーラー『人間』宮城音弥訳，岩波文庫，34-35 頁。

人間との相違は動物の無意識的感情の表出である「情動言語」（emotional language）と人間における文章法と論理構造をもつ「命題言語」（propositional language）の相違に端的にあらわれている。また動物がパヴロフの条件反射の実験で明らかなように，その行動においてサイン（合図）やシグナル（信号）に物理的に反応するのに対し，人間はシンボルによって人間的な意味の世界に生きている。それゆえ「シグナルは物理的な〈存在〉の世界の一部であり，シンボルは人間的な〈意味〉の一部である。シグナルはオペレイター（操作者）であり，シンボルはデジグネイター（指示者）である」[6] ことになる。さらに動物の知能と人間の知性との間にも大きな隔たりがあって，「動物は実践的想像および知能をもっているのに対し，人間のみが新しい形式のもの，つまりシンボル的想像およびシンボル的知性を発展させたということができる」[7]。こうした物理的なサインから意味を含んだシンボルへ，実践的知能からシンボル知能への発展は，聾唖にして視力も失われていたヘレン・ケラーの体験，すなわち彼女が手で書き示された「水」という触覚言語が冷たい水を意味していることを発見することによってもっともよく示されている。このシンボル形式は一般性と有効性をもった原理であり，人間に特有な世界である文化世界へ参入する入り口となっている。

　シンボル原理の一般性によって事物の直接性から離れて抽象的に思考することが可能となり，その有効性によって事物に距離を置いて適切に関係し，事物の意味を多様に表現でき

---

6)　カッシーラー，前掲訳書，76 頁。
7)　カッシーラー，前掲訳書，78 頁。

る。サインとシグナルが事物に固定的に関連しているのに対して，人間のシンボルは可変的であり，自由に動くものである。ここに人間文化の多様性と豊かさ，またその歴史が認められる。もしこのシンボルの原理がないとしたら，人間の生活は動物一般と同様に生物としての必要と実践的知能の範囲に限られ，プラトンの洞窟内の囚人のように，暗い灰色の物理的世界に閉じこめられ，人間的な意味の世界，つまり宗教・芸術・哲学・科学によって開かれる人間文化の世界は存在しないであろう。

人間文化の言語学的研究

　このような言語を通しての人間文化の研究は偉大な言語学者ウイルヘルム・フォン・フンボルト（Karl Wilhelm von Humboldt, 1767-1832）によって行なわれた。彼は世界の言語を分類し，基本的な類型に還元する方向を開始し，さらにそこから言語の一般的特質を引き出した。ここでは彼の『言語と人間』に展開する学説を参照してみよう。言語は単なる単語の機械的な集積でも，単語間の文法規則でもなく，言語間の相違は音声や記号の差異ではなく，世界の見方の違いである。実際「言語を単語や規則に分解するのは科学的分析の死んだこしらえ事にすぎない」[8]。むしろ言語は内的精神活動と結合している言語行為の中にのみ真に存在している。したがって「言語そのものは決して所産物（Ergon）ではなく，むしろ活動性（Energeia）である。言語の真の定義は従って発生的なものでしかあり得ない。言語はすなわち，分節された音声を思想の表現に高める精神の永遠に繰り返される労作

---

8)　フンボルト『人間と言語』岡田隆平，85 頁。

である」[9]。こうした言語活動は「生ける談話の本性」に求められ，具体的な他者との語らいにおいて言語の構造が探求された[10]。

3　人間の「作る」行為と文化

作る文化の中でも目立っているのは絵画や彫像，音楽や建築などの芸術の領域であり，それは人間の「作る」行為によって生まれる。

「作る」芸術行為と文化創造

先に述べた言語と芸術は共通の特質をもっている。両者の主要な機能は模倣であり，言語は音響の模倣に発し，芸術は外界の実在の模倣である。そして模倣こそ人間の基本的本能であり，アリストテレスも言っているように「人間が他の下等動物に優越している性質は，もっとも模倣的な動物であり，まず模倣によって学ぶ点にある」[11]。だが，芸術は実在の単なる機械的再現としての模倣ではなく，そこには芸術家の創造力が認められ，文化の創造が伴われる。また，すべての音声が言語でないのと同様に，目的のない単なる身振りも芸

---

9)　フンボルト，前掲訳書，84 頁。

10)　この点はフェルディナンド・ドゥ・ソシュール（Ferdinand de Saussure, 1857-1913）に受け継がれ，「言語体系」（langue）と「発語」（parole）とが厳密に区別された。彼によれば人間言語の研究は「共時性」と「通時性」という二つの観点から行なわれるべきであり，文法などの言語体系は普遍的で前者に属し，発語の過程は時間的にして個人的であり，後者に属する．共時的言語学は恒常的な構造関係を扱い，通時的言語学は時間の流れにおいて変化し発展する現象を解明する。

11)　アリストテレス『詩学』1448b8-9。

術ではない。俳優の演ずる役割は演劇全体の構造の一部であり，統一的な目的に向けられる。そこには芸術家によって捉えられた人間性の具体化がめざされる。したがって言語のシンボル形式と同様に，芸術は芸術家によって捉えられた意味深い人間性の表現に他ならない。しかも言語と科学とが現実を抽象化し，簡略化するのに対して，芸術は現実の多様な側面を照らしだし，現実を強化している。ここから芸術には単なる理性認識とは異なる独自の認識が生まれてくる。

想像力と芸術の世界

　芸術学は「美学」とも呼ばれる。この語はギリシア語ではアイステーシス（知覚）を意味する。しかし，すべての知覚が美学の領域に属するのではなく，わたしたちに満足・喜悦・快感を呼びおこし，これによって知覚された対象が美しいと判断され，真偽・善悪の判断とは異なる美醜が判断される。こうして自然・人生・芸術作品の中に現われる一切の美を含む領域にかかわる知覚が美学に属する。だが，自然美と芸術美とは区別されなければならない。感覚的に捉えられた自然はすべて美しいのではなく，そこには不快と嫌悪と吐き気をもよおすものも多い。だが，なにゆえに或る景色・花・人間・音などをわたしたちは美しいと呼び，他のものをそう言わないのか。この理由が探求されなければならない。いったい自然がどのように働いて美しく現われるのか分からない。だが人間の手になる創作物，つまり芸術作品においては，作品を通してわたしたちに語りかけてくる芸術家の精神がその想像力によって表現されており，これによってわたし

たちは彼の精神に接近することができる[12]。こうして芸術家のパースペクティーヴに導き入れられると，わたしたちは芸術家の目をもって，いまだかつて経験したことのない特別な光の下で，世界を「物の世界」とは別の「形象の世界」として見るようになる。ここに働く知覚作用は物の「印象」を単に受容する目ではなく，生ける形である「形象」を構成する目である。

　この形象の世界は芸術家の想像力によって形成されたもので，文化の世界の一部となっている。このような想像力による芸術活動は詩人においてもっとも明瞭に捉えることができる。詩人の言語は日常の言語ではなく，韻文であり，散文の場合でもそこに高揚した気分が看取される。そこには想像力が働いており，制限された日常の囚われから解放され，通常のイメージの形成とは相違した作用が見られる。

　したがって同一の対象物に対して科学者の記述と詩人や画家の記述とではほとんど共通するものがない。感覚的な形象と科学的概念とは表象においてまったく相違している。一例として蕪村の詩「百姓の生きて働く暑さかな」を取り上げてみよう。この俳句は農夫の生活の現実を写生したものではなく，詩人に映った心象の想念を主調にして表象したものと見るべきである。したがって「百姓」という言葉は，実景の人物に限定しないで，一般に広く，単に漠然たる〈人〉即ち

---

12)　芸術家の新しい能力を創出する才能について，カントは「天才」によって次のように説明している。「天才は芸術に規則を与える才能である。この才能は芸術家の生得的な産出能力としてそれ自身自然に属しているわけであるから，天才とは，自然がそれを通して芸術に規則を与える生得的な感受素質であると言い表わすことができよう」（『判断力批判　上』篠田英雄訳，岩波文庫，256 頁）。

〈人間一般〉というほどの無限定の意味である[13]。したがって「百姓」とは実在の感覚的印象でも，その苛酷な労働に対する経済的反省でもなくて，実在に触れてこれに詩人の内的生命が投入され，物との共感的映像によって生じた人間一般のシンボルであって，その言葉の奥に作者の詩情と洞察がきらめいており，そこに人間的な「形象の発見」による「実体の変化」，つまり文化の造形が起こっている。

4　人間の「行なう」実践行為と文化

　人間の行為によって文化として表現されたものはすべて創造されたものであり，そこでの創造の主体は人間である。言語と芸術は人間の口とか手といった身体によって形成されたものであるが，そこには人間の精神が客観的に実現されている。言語は言語体系として，芸術は芸術作品として，それぞれ客観的に形成されたものである。しかるにそれらを形成した人間は主観的であっても，主観によって表現されたものは客観性をもっている。ここに文化を創造する人間の特質が認められる。次に，わたしたちはこうした創造的作用を人間の実践的行為において解明してみよう。

行為的存在者としての人間
　ゲーテ（Johann Wolfgang von Goethe, 1749-1832）は『ファウスト』の中でヨハネ福音書の冒頭の言葉「初めに言葉があった」を訳し変え，「初めに行為があった」と翻訳して

---

13)　杉田泰一「人間にとって芸術とは何か」に引用されている萩原朔太郎の解釈による（船橋弘・明珍昭次編『人間の哲学』尚学社，1977 年.181-182 頁）.

17

いる。では「言葉」（logos）と「行為」（Tat）との間にはどのような関連があるのであろうか。ボーマン（Thorleif Boman）は『ヘブライ人とギリシア人の思惟』でヘブライ語の「言葉」（ダーバール）の意味を探求しているので，それを参照すると，それは「後にあって前に追いやる」，「背後にあるものを前に駆り立てる」という意味である[14]。したがってダーバールは動態的で「言葉」と同時に「行為」を意味している。それゆえゲーテは新約聖書ギリシア語の背景にあって当時の人々が用いていたアラム語原典の深い意味の層にまで遡って訳したといえる。ギリシア語の「言葉」が同時に「理性」を意味することはよく知られているが，こうした静態的理解の他にヘブライ的な動態的性格に注目する必要がある。すなわち，言葉を語る人間はすぐれて行為的であり，創造的である点に留意すべきである。とりわけ近代人が，ゲーテの措いたファウストと同じく，主体的で行動的であり，近代文化の特質がホモ・ファーベレ（公作する人）による科学技術にもとづいて行動しているからである。

　近代以前においては人間は神によって創造され，その恵みに感謝し，神の定めた掟にしたがって行動するように説かれていた。そこでの行為は単なる主観性にもとづかず，普遍的な永遠の法との一致をめざしていた。この永遠法によって社会的な実定法も基礎づけられていた。それゆえわたしたちが社会の基本単位である家族の間に誕生していることも，神の創造の賜物と考えられていた。したがって，社会も神による所与であって，人間の手になる創造とは考えられていなかっ

14）　ボーマン『ヘブライ人とギリシア人の思惟』植田重雄訳，新教出版社，102-103 頁。

18

た。ところが近代に入ると，人間は自己が「行動の主人」であるとの自覚に立って，自律的に行動するようになる[15]。こうして先に指摘したファウスト的な行為的人間が誕生してくる。

　近代的な行為的な人間像は現代の人間学においても支配的になっている。たとえばゲーレンの人間学にこうした傾向が明瞭に表現される。それによると人間とは現実をも自己の「予見」や「計画」また「思想」によって主体的に変化させていく存在である。それゆえ，わたしたちは社会の歴史の動的プロセスに受動的に巻き込まれないで，社会に対し積極的に関与し，自らの確信にもとづいて思想を世界に向かって提起することができる。彼は次のように人間を「行為する生物」として捉えている。

　　人間は行為する生物である。それはいずれ詳しく説明する意味において確定されていない。すなわち自分が自分の課題となり，自分に向かって態度をとる生物といってよかろう。外界へ向かってとるその態度の方は行為とよぼう。つまり自分が自分の課題となるかぎり，人間はまた自己に向かって構えをとり，〈自分を何物かにする〉。それはできればなしで済ませるような贅沢ではない。〈未完成〉は人間の身体的条件であり，自然本性なのだから，人間はまたどうしても訓育の生物となるだろ

う[16]。

　このような「行為」の概念こそ現代人間学の創始者である
マックス・シェーラーも克服できなかった二元論を超克する
ものとして立てられ，人間の全機構はこれによって解明され
る。そして「行為とは予見と計画にもとづいて現実を変化さ
せることであり，こうして変化させられた，ないしは新たに
作られた事実と，それに必要な手段との総体を文化と称する
ことにする」と主張されている[17]。したがって行為と文化こ
そ人間の本質を規定している，と彼は主張する。

　確かに生物学が現代の人間学の形成に重要な貢献をなして
いることは認めるとしても，生物学の観点からは人間の実践
的行為の前提となっている「自由」は理解できない。環境世
界と本能によって深く組み込まれている動物には「世界開放
性」（シェーラー）はなく，行動の自由は根本的に制約され
ている。それゆえ，生物学的な観点から人間の実践的行為を
捉えると，必然的に決定論に陥ってしまうといえよう。そこ
で視点を変えてこの決定論の問題について考えてみたい。

決定論と非決定論

　すべての行動は内的にせよ，外的にせよ，特定の状況の下
に起こっている。この状況に対しては二つの基本的に相違す
る態度と解釈がある。決定論と非決定論がそれである。
　まず状況を決定論的に考える見方を反省してみたい。古く
はマニ教の善悪二元論のように，すべては善神と悪神という

16）　ゲーレン『人間』平野具男訳，法政大学出版局，30 頁。
17）　ゲーレン『人間学的探究』亀井裕也訳，紀伊國屋書店，17 頁。

形而上学的な勢力によって決定されているという世界観が
あったし，ストア主義のように自由になるのは自分の思想だ
けであって，世界や社会に起こっていることは変えようがな
いという運命論も有力であった。またスピノザ（Baruch de
Spinoza，1632-77）は「自由なものと呼ばれるのは，ただ自
分の本性的必然性からのみ存在し，自分自身から行動すべく
決定されるものである」[18]と説いて自由を必然性と結びつけ
て考えている。ここから彼は「必然性の洞察が自由である」
と主張する。こういう考え方にもとづいてヘーゲルやマルク
スは弁証法を展開させて社会的な決定論の傾向を顕著に示し
た。また，人間の自由意志を単なる偶然に帰し，人間は自由
な「自己原因」ではないことから倫理的決定論が，さらに遺
伝子の観点から生物学的決定論が，意識下のリビドーから深
層心理学的決定論がそれぞれ説かれた。

　このように状況の要因はわたしたちの行動に対して決定的
であると解釈される。だが，実際は決定的要因とそうでない
ものとの混合から現実の状況は成立していることに疑いの余
地はない。それゆえ，カントのみならず多くの人たちは，た
とえ決定的要因が状況を支配していても，現実には人間が道
徳的人格として行動できる自由をもっていると説いたので
ある。オッカム（William of Ockham，1300頃-49頃）は意志
における「他でありうる」非必然性的な偶然性のもとで自由
を主張し，実存哲学者ヤスパースはさまざまな限界状況に
直面しながらも，なおその中で実存をとりもどし，主体性
を確立しうる自由を説いた。また歴史家トインビー（Arnold
Joseph Toynbee，1889-1975）が社会的決定論に対決して文

18）スピノザ『倫理学』工藤他訳，世界の名著「スピノザ」78頁。

21

明の歴史を「挑戦と応答」から解明したことにも注目すべき
である。

　確かに人間は世界のうちにある存在としては状況 - 内 - 存
在である。この状況は外観的には固定的で不動のように見え
ても，実際は歴史とともに変化し，流動的である。わたした
ちが過去を振り返り反省すると決定論的になり，将来に対す
る期待では非決定論的になりやすいことも認めざるを得な
い。過去と将来との交差する現在は，両者を含んだ動的に発
展するプロセスをなしている。こうした状況の内にあって適
切な目的・意味・価値を立てながら自己を実現すべく行為す
るところに人間の本質があり，絶えざる文化の創造・発展・
再建がめざされている。

道徳と人倫

　人間の行為が動物の行動と類似しながらも，決定的に相違
しているのは「規範意識」にあると思われる。このことはチ
ンパンジーと幼児を比較してみると判明する。遊戯中に何か
の弾みで乳母車がひっくりかえったとき，チンパンジーは車
のうえに乗って遊びを続けたのに反し，人間の幼児はその状
態を元の位置に戻そうと試みたことが記録されている。幼児
はチンパンジーよりも記憶力において優り，先の車の正しい
位置を鮮明に意識に留めている。ここに規範意識が作用して
衝動的な行動とは基本的に異なる倫理的な行為が生じてい
る[19]。このような規範意識はさらに精神の作用によって内容
的に高まり，人間としてあるべき理想を目的とした計画を実

---

　19)　ボイデンディク『人間と動物』浜中淑彦訳，みすず書房，172 頁
参照。

現すべく準備し，そのための「道」を造って実行に移し，それを実現すべく自己を「卓越したもの」つまり「徳」性あるものとし，文化的な世界を創造すべく行為に向かわしめる。こうした特質をもつ人間の行為は「道徳」と呼ばれる。

　一般的に言って「道徳」というとき，「道」は人間としての倫理を成り立たせている道理であり，「徳」は道理を体得した人が身につけている徳性であり，そこには福徳一致の生活がめざされている。

　いっぽう「人倫」ということばは日本語では人と人とのあいだにあるべき秩序関係を一般に意味し，孟子の「人倫五常」に述べられているように「人間の間柄」を指す。人倫は人間が仲間や間柄において自発的に責任をもって実践すべき秩序である。だが今やこの秩序は人倫として与えられている。わたしたちは共同社会や利益社会との関係において人倫的共同存在を実現して行く。成人して選挙権を得て，国家の政治に参加し，さらに結婚や就職を通して家庭や市民社会に加わり，この共同存在を実現するように方向づけられている。

参考文献

カッシーラー『人間』宮城音弥訳，岩波書店
　　　人間を「象徴を操る動物」として定義し，象徴作用によって文化を形成して生きる姿を豊かな知識をもって論じた名著である。さらに詳しくは『シンボル形式の哲学』（第１巻「言語」，等２巻「神話」，第３巻「認識」生松敬三・木田元訳，岩波文庫，1989 年－）に彼の思想は述べられている。
ゲーレン『人間』平野具男訳，法政大学出版局

ゲーレン『人間学的探究』亀井裕他訳，紀伊国屋書店

　　上記の二書は人間生物学の立場から人間を「行為する生物」と定義し，人間の全体を一元的にとらえている。とくに人間が器質的に弱いため必然的に文化を形成すべく定められていると説いている。生物学的視点からの文化論として注目に値する。

フンボルト『言語と人間』岡田隆平訳，冨山房

　　この書は『ジャワ島におけるカーヴィ語について』の序論にあたる「人間的言語構造の相違性とその人類の精神的発展に及ぼせる影響について」の翻訳である。この偉大な人文主義者によると言語は「内的言語形式」によって個人と社会とを結ぶ力であり，国語の内に民族性が表現される。こうして文化人類学的な言語理解が生まれ，文化と人間との関係を捉える上で重要な貢献をなした。

メルロ＝ポンティ『意識と言語の獲得』木田元・鯨岡俊訳，みすず書房

　　これは一連のソルボンヌ講義記録であり，難解な彼の言語論が分かりやすく説かれる。

ボイデンディク『人間と動物』浜中淑彦訳，みすず書房

　　人間と動物との違いを比較心理学の観点から行なったもので，知覚の相違や共同体の相違，さらに笑いと微笑の相違など示唆に富む研究が展開する。

II　人文学の学問的成立と展開

　人文学の源泉としてのギリシア‐ローマ思想について先ず
考えてから，それが中世の七つの自由学科として中世に伝承
され，近代に近づくとエラスムスによって大きく発展する歴
史を考察してみたい

1　ルネサンスの人文学とその源泉

　ギリシア思想はプラトンとアリストテレスによって学問的
に充実した内容を整えるに至った。そこには国家に有用な人
物を育成する意図が明白に表明されていた。そのような教育
思想が学問としての人文学を生むようになった。この人文学
は 16 世紀に入ると，その力を発揮して，「人文主義，つま
りヒューマニズム」を生み出したが，その源泉はキケロやセ
ネカの思想であったといえよう。
　さて，「ヒューマニズム」という言葉のなかには明らかに
「フマニタス」（人間性）の意味がふくまれている。これはギ
リシア語の「パイデイア」に当たることばで精神的教養を意
味する。キケロはいう「わたしたちは皆人間と呼ばれてい
る。だが，わたしたちのうち，教養にふさわしい学問によっ
て教養を身につけた人びとだけが人間なのである」と。ここ

での「教養」と訳されるフマニタスは「教養」の意味であるが，それは人間にふさわしいあり方をいう。この言葉のなかには人間の尊厳という思想が含意されていた。

ルネサンス時代の人文主義はこのフマニタスを再認識すること，つまり中世をとおって人間の本性が罪に深く染まり堕落しているとみる考え方をしりぞけて，人間の堕落しない神聖なる原型，キケロのいう「死すべき神」としての人間の尊厳に対する認識を確立しようとしたのである。

それと同時にルネサンス時代の人文主義はこのような人間性を古代ギリシア・ローマ文化に沈潜することによって発見し習得しようとするものであり，そこには「もっと人間的な学問」(litterae humaniores) と呼ばれている学問の復興が意図されていたのである。

このような人文主義の精神はセネカの根本命題にもっともよくあらわれているといえよう。セネカは「人間は，人間的なものを超えて出ることがないとしたら，なんと軽蔑すべきものであろう」という。人間は「より人間的なもの」(フマニオラ) となってゆく自己形成と教養にたずさわり，自己を超越することによって自己育成をなしてこそ，はじめて人間たりうるのである。

この自己形成は最終的には神に似た尊厳にまで達するものと考えられていた。たとえばルネサンス時代のキリスト教的なヒューマニストであるピコ・デッラ・ミランドラはその著作『人間の尊厳について』の中で主張する。神がアダムに語りかけていうに，「汝は自己の精神の判断によって神的なより高いものへと新生しうる。……人間はみずから欲するものになりうる」と。つまり人間は自己の現在を超越して神的存在に達することができると彼は主張した。このような主張か

らなる彼の『人間の尊厳について』はルネサンスの宣言書で
あるといえるであろう。

　ルネサンスはこうした人文主義的ヒューマニズムの思想に
よって成立する。この「ルネサンス」ということば自体はキ
リスト教的「復活」や「再生」という宗教的意味をもってい
た。この点ブールダッハが詳しく論しているとおりである。
しかしながら，その内容をよく検討してみると，宗教的であ
るよりもむしろ自然主義的要素をもっていることがわかる。
それは単純な意味での「再生」，自分の力によってもう一度
生まれ変わること，しかもそこには，ワインシュトックが説
いているようにウェルギリウスの夢見た黄金時代の再来を示
す循環的に回帰してくる再生の思想があるというべきであろ
う。ルネサンスは黄金時代がめぐってくるという期待に満ち
ており，宗教的な復活をもこのことと一致させて理解してい
るといえよう[1]。

　実にエラスムスの「キリストの哲学」の主張も，宗教的色
彩をもって着色されてはいるが，ルネサンスは「自然の回
復」という意味を含んでいた。彼は『新約聖書への序言』の
中の「呼びかけ」において次のように語っている。

　　キリストの哲学とは良きものとして創られた自然の回復
　　──キリスト自身これを復活（renascentia）と呼ぶ──
　　にあらずして何であるのか。したがって，キリスト以上
　　にだれも決定的に効果的にこれを伝えたものはなかった
　　が，また異教の書物にはこの教えに一致する多くの事が

　1）　ブールダッハ『宗教改革・ルネサンス・人文主義』創文社，101
頁以下，ワインシュトック『ヒューマニズムの悲劇』創文社，264 頁以下
参照。

らをわれわれは見いだす[2]。

　ここにエラスムスは「自然の回復」とキリスト教の「復活」とを同一視し，宗教的要素と異教の文芸との一致を語って，それが「キリストの哲学」であるという。ここに彼の「キリスト教的人文主義」の実質がよく表われている。

　エラスムスはキリスト教がこのような人文主義の精神に立っていたというのに対し，近代人文主義の源泉であると一般に考えられているキケロとセネカとが人間存在の悲劇性や罪性を十分とらえているとは言えない。この近代人文主義は三つの段階を経過していると考えられる。たとえば務台理作は『現代のヒューマニズム』で 16 世紀の人文主義的ヒューマニズム，18 世紀の個人主義的ヒューマニズム，そして現代のヒューマニズム（同氏はこれを「第三ヒューマニズム」また「人類ヒューマニズム」と呼ぶ）を分けている。

2　ローマ的な古代の遺産としての七つの自由学科

　ルネサンス以前では中世の初期に古典的な人文学がヨーロッパに伝えられる。一般に中世の統一文化と言われても，その初期の段階でのスコラ神学の成立期ではアウグスティヌスがその著作『キリスト教の教え』で示した方法，つまりキリスト教の優位のもとに哲学を利用してキリスト教と哲学の両者を総合しようとする意図と方法が顕著に示された。ところが 12 世紀ルネサンスによってアラビアを経由してアリストテレスが導入されると，13 世紀の半ばから神学から独立

　2）　『エラスムス神学著作集』金子晴勇訳，教文館，2016 年，235 頁。

した哲学および哲学体系が生まれてくる。この点は法律と医学のみならず，哲学が独立した学部を形成してくる中世初期の大学にみられる教育組織にまず表面化してきた。そのような状況のなかで初めてキリスト教と哲学という両者の区別を前提した上での，統合という中世の偉大な統一文化の体系的試みが生まれる。その際，わたしたちが注目すべき点をここに示しておきたい。

　8世紀のカロリンガ・ルネサンスではアイルランドの神学者アルクイン（Alcuin,730頃-804）がカール大帝の招きで，アーヘンに宮廷学校を開き，フランク王国での学問復興の基を築いた。彼によって七つの自由学科の体系がゲルマン社会に導入された。彼はこれを哲学の七段階と呼び，精神はこれらの段階を通って聖書の頂上に至らなければならないとした。この情勢は原則として13世紀に至るまで変わりがなかった。アウグスティヌスに淵源するこの方法は基本的にはギリシア・ローマの異教的な哲学をキリスト教に総合することで置き換えることであった。したがって，七つの自由学科はローマ的な古代の遺産として継承されていた。そのうち文学的三分野と科学的四分野は言語的な「三学科」（文法・修辞学・弁証法）と科学的な「四学科」（算術・幾何・天文学・音楽）とに分けられた。神学に優位を置くこうした情勢は翻訳によって新たに導入されたアリストテレスの著作や注釈などによって覆された。そこでは哲学は次のような配列で示される。

哲学体系	論理学
	理論哲学（自然学・数学・第一哲学あるいは神学）
	実践哲学（倫理学・政治学・家政学）
	詩　学

　これとは別にプラトンの弟子クセノクラテスに発し，ストア主義と新プラトン主義によって採用された三区分法がアウグスティヌスによって紹介されていた。すなわち合理的哲学（論理学）・自然哲学（自然学）・道徳哲学（倫理学）であり，これはカントの三批判（理性，実践，判断力）にまで継承された。

　キリスト教的見地と異質な世界解釈を示す新しい学問の体系，とりわけ科学上の学説に接し，13 世紀はどのように対処したのであろうか。その際，一般的に言えることは先の四学科は全体として哲学に編入され，三学科のほうは多様に変えられていることである。一例としてグラープマンによって発見されたパリ学芸学部における哲学の分類（1230-1240 の間に書かれた）を示してみよう。

哲学科学	自然哲学	形而上学
		数学（天文学・幾何学・算術・音楽）
		自然学
		超自然神学
	実践哲学	イポティカ（家政学？）
		政治学
		倫理学（修道院生活術）
	合理的哲学	修辞法
		文　法
		論理学

　この表で神学が実践哲学の一分野に組み入れられている点に注目すべきである。先に述べた七つの自由学科は 12 世紀までは神学のための補助学科であったのに，今やこれが哲学の偉大な諸科目の補助学科となっている。こうして哲学部が神学部から独立するに至って，中世の四学部制（神学，哲学，法学，医学）が完成するに至ったのである。

　13 世紀の前半にはパリの学芸学部でアリストテレス研究

が盛んになり中心的な研究対象となった。この時期はいまだ
なお 12 世紀まで支配的であった新プラトン主義から強く影
響を受けており，アリストテレスとの折衷が試みられ，いま
だアリストテレスを受容するだけで，その源泉にまで精通し
ていなかった。ロージャー・ベイコンもこの段階に属し，折
衷的な新プラトン主義的なアリストテレス説を奉じていた。
また 1240-50 年にアリストテレスの自然学書を教えること
が禁止されたが，主として「倫理学」を中心に受容が進んで
おり，哲学的思考は神学の目的のために使われていた。した
がって神学者によるアリストテレス理解はしばしば「アウグ
スティヌス的」になる傾向をもっていた。だが，やがて「哲
学」がアリストテレスと異教徒の哲学者によって造られ，学
芸学部で教えられた世俗科学を指すようになった。

　他方，西方キリスト教世界とイスラム世界との間に交易や
学問上の交流が盛んとなり，11-13 世紀にかけて，以前にギ
リシア語からアラビア語に翻訳された古代ギリシアの学問が
アラビア語からラテン語に翻訳されるようになった。ここか
らアリストテレスの本格的導入とともに，アヴェロエスのア
リストテレス注釈書と哲学が西欧世界に影響するようになっ
た[3]。

　13 世紀の後半は中世思想の頂点となり，神学と哲学と
の区別を前提とした総合が実現した。ボナヴェントゥラ
(Bonaventura,1221-74) は最初の総合を試み，「アウグスティ
ヌス的アリストテレス説」の立場を築いた。彼はアリストテ
レスを尊重していたが，アウグスティヌスとの思想上の対立

---

3)　アヴェロエスはコルドバ出身のアラビアの学者，哲学者，アリス
トテレスの注解書で有名。

を避け，前者について温和な解釈をできるだけ推し進め，その誤りが否定できない場合にも弁護しようとした。それに対しブラバンのシジェル（Siger de Brabant,1235 頃 -81）は世界の永遠性や二重真理説を説いて，「徹底的で異端的なアリストテレス説」の立場に立ったため，パリ司教によって 1277 年に断罪され破門された。真の総合は彼を批判したトマス・アクィナス (Thomas Aquinas,1225-74) の「キリスト教的アリストテレス主義」によって完成されるに至った。

3　エラスムスと自由学科

　エラスムスは『真の神学方法論』の中で自由学科の学問的な意義について詳細に論じる。彼はアウグスティヌスとオリゲネスの学問方法論を検討してから，自由学科の意義について次のアウグスティヌスの『キリスト教の教え』の内容を検討しながら詳説する。

（1）　アウグスティヌスの『キリスト教の教え』の場合
　アウグスティヌスは『キリスト教の教え』[4]という書物の中で洗練された学芸を味わうために，注意深くかつ適切に，年齢にふさわしく制定され，かつ，準備されているものとして弁証法（論理学）・修辞学・幾何学・音楽の習得の必要性を挙げ，さらに，星辰・生体・樹木・宝石といった自然の事物の認識や地理学の説く場所の認識，とりわけ聖書が記述している場所の認識は素晴らしいと言う。その理由はこうした世界地形学によって聖書の理解が進むからである。さらにあ

---

4)　アウグスティヌス『キリスト教の教え』2・16・18：28-31 参照。

る出来事が叙述されている民族について，あるいは使徒パウロが手紙を送った民についてその起源・習俗・制度・祭儀・天性を歴史の文書からわたしたちが学んでいなかったとしたら，どれほどの光明と生命がそこに含まれているかが分からないという。また，アウグスティヌスの師である聖アンブロシウスはルカ福音書の第 13 章を解釈したとき，イチジクの木のタイプがいかにシナゴーグに的確に適合しているかを明らかにするために，樹木についての説明を多く加えているし，信仰も弁証論（つまり論理学）の援助によって支えられないでは，キリスト教信仰のための研究活動が起こってこないと考えるほど，この学問を重要視している，と言う。ある人たちには「カトリコン」[5] 一つですべてのことに事足りたし，もっと学識豊かなイシドルス[6] で十分であった。

　こうしてアウグスティヌスは論争好きな人たちに「あなたはあの詩作に立ち返るべきです。なぜなら自由学科の与える本当に慎み深く，かつ簡素な教育は，学問を愛する人々を真理を捉えるためにいっそう溌溂とさせ，より忍耐強く，いっそう優雅にさせるからである。こうして彼らは真理をますます熱心に追究し，いっそう決然と追跡し，終にはさらに心地よく寄りすがるようになる」[7]。

　続いてエラスムスはオリゲネスが『創世記説教』で行ったアブラハムがその子イサクを献げる物語の解釈を挙げてすぐれた信仰の比喩的解釈の重要性を指摘し，結論として「黄金

　5）「カトリコン」(Catholicon) は中世の図書館に備え付けられていたギリシア語 - ラテン語辞典を指している。

　6）　イシドルス (560?-636) はセウィラの司教で，彼の著作はその当時の知識の宝庫であった。エラスムスはここで彼の『エティモロギアエ』をあらゆる学問分野にわたる一種の百科全書と考えていたようである。

　7）　アウグスティヌス『秩序』1・8・24。

33

の水流」がオリゲネス，バシレイオス，クリュソストモス，ヒエロニュムスの中に流れていると指摘する。

（2）　人文学の意義

エラスムスはこのように語ってから，世俗的な学問に関わるときには，聖書に近い学問として詩作法や修辞学といった「良い学問」[8]を重んじなければならないと説く。この学問はあの有名な神学者たちに〔わたしたちから〕贈られたのに，彼らは今ではそれを理解し，模倣するよりもわざと無視する傾向を示し，詩作や文法学は何も学ぼうとしない。預言者たちの書物からは詩的な比喩や転義が至るところからあふれ出ており，キリストはほとんどすべてを譬え話に包み込んで話した。それは詩人に独特なもので，修辞学者の表現法，話の切れ目，迂言法を挙げることができる。ナティアンスのグレゴリオス，ダマスゥス，プルデンティウス，パウリヌス，ユウェンクス[9]のような不朽に値する人たちが，キリストの神秘を叙情的な詩をもって取り扱っている。使徒パウロ自身も一度ならず詩人の証言を利用している。

ここからエラスムスは次のように当時のスコラ神学の批判に転じる。

8）　「良い学問」（bonae litterae）とはエラスムスの時代には「人文学」を表わす言葉であった。

9）　ナティアンスのグレゴリオス（330 頃 -389 頃）はカッパドキヤの神学者，それに続くダマスゥス（304-384）は教皇であって，ヒエロニュムスの依頼人であり，プルデンティウスはラテン語の頌歌集詩人，パウリヌス（353/4-431）はノアの司教で，アウグスティヌスの友人にして古代における重要なキリスト教詩人，ユウェンクス（4 世紀）はスペインの司祭で福音書の調和を詩でもって歌った起草者である。

そもそもどこかパウロの手紙の中で，教養がどれほど意
味深くあっても，アリストテレスを，神を畏れないア
ヴェロエスを参照しているところが見いだされるでしょ
うか。どこに「第一大前提」や「第二大前提」が，どこ
に三段論法の形式が，どこに「形相性」，「何性」あるい
は「エッケイタス」に言及されていますか。彼らのもと
ではすべてがこのようなもので一杯詰まっています[10]。

　神学がこのようであるのに対して，その他の学問分野にお
いてはそれぞれその創設者や創始者のことを思いめぐらすな
らば，そこにはとても素晴らしい意味がある。たとえばウェ
リギリウスはホメロス，テオクリトゥス[11]，ヘシオドスを模
倣しており，ホラティウスはピンダルス[12]とアナクレオン[13]
を模倣する。アウィケンナはガレノス[14]を模倣し，ガレノス
はヒポクラテス[15]を模倣する。利用しなかったものがなかっ
たアリストテレスは，さまざまな論証のためにさまざまな人
たちを模倣している。すなわちアリストテレスはテオプラス
トゥス[16]，テミスティウス[17]，アヴェロエスを引用している。

---

10)　「見よ，と言われて，見られる本体」の意味。エラスムス，前掲
訳書，303 頁。

11)　テオクリトゥス（300 頃 -260 頃）はシラクサ生まれの詩人で，
牧歌の創始者とされる。

12)　ピンダルスはギリシアの抒情詩人。

13)　アナクレオン（前 570 頃 -485 頃）はイオニアのテオス出身の抒
情詩人で，恋と酒を歌った。

14)　本書，258 頁注（18）を参照。

15)　ヒッポクラテス（前 460 頃 -377 頃）コス島出身の名医。

16)　テオプラストゥス（前 372/69-288/85）はレスボス島出身のギリ
シア哲学者，アリストテレスの学友でその門下としてその後継者となる。

17)　テミスティウス（317 頃 -388）はコンスタンティノープルで活躍
した哲学者で，とくに好んでアリストテレスを一般に普及させた。

どうしてわたしたちだけが学問的に解明する全考察でわたし
たちの哲学の指導者たちから大胆にも離れてしまったのだろ
うか。今日人々はトマスとスコトゥスの信奉者たちが神的な
事柄について議論するときのように，なぜキリストと預言者
たちの様式から遠く離れてしまったのか。アウグスティヌス
はさまざまな誤りを引きずっていたとき，とりわけプラトン
に出会ったことに喜びを表わしたが[18]，それはプラトンの教
説がキリストの教えにきわめて近かったし，隣接する同類の
ものからの移動がいっそう容易であったからである。

　どうして人々はアリストテレスの哲学の内にとどまってい
て，文法学，修辞学，かつての素晴らしい教養を修得しない
のであろうか。エラスムスはこういう人たちに絶望して「わ
たしたちは平民と神学の新兵を養成します」と断言する。神
学に隣接する学問は人文学であるので，彼は人文学にもとづ
く学問の重要性を指摘し，その学問の方法論を究めようとす
る。

（3）　文献学者エラスムス

　エラスムスは本質的に文献学者であって，聖書をも神学者
としてではなく，文法学者として正確に解釈しようとする。
すでに 1500 年以降，新約聖書を理解するためにギリシア語
の知識がいかに重要であるかを知っていた。人々はもはや古
いラテン語の翻訳であるウルガタでは満足できないでいた。
エラスムスは 1504 年にイタリアの人文主義者ラウレンティ
ウス・ヴァッラの未刊の著作『新約聖書注解』の写本を発見
したとき，感動に満たされた。そこでは新約聖書のギリシア

---

18)　アウグスティヌス『告白』8・2 参照。

語のいくつかの手書き本がウルガタと比較対照されていた。その翌年にエラスムスはこの著作に重要な序文を付して刊行した。その序文の中で彼は，ウルガタに対して神学者だけが批判すべきであって，言語学者はそうすべきではないという異議を次のように論破した。「聖書を翻訳するというこの課題の全体は，文法学者が関与する事柄である。ある場合にはモーセよりも〔その舅〕エトロの方が賢いことがあっても，それは馬鹿げていない」[19]。この比較は示唆に富んでいる。文法が世俗の学問に属していても，それは神学に役立つことができるからである。

　事物と表象の問題，簡単に言い直せば，「もの」と「しるし」という問題は，最初アウグスティヌスの『キリスト教の教え』の第1巻と2巻で論及されたもので，七つの自由学科に属する修辞学の基礎を説いたものであった。エラスムスはアウグスティヌスからこの問題を学んだ痕跡をまだとどめていないが，この「ものとしるし」というテーマは彼が学問の方法を論じた小著『古典読解の研究方法』（De ratione studii ac legendi interpretandique autotores. 1511,1514）の冒頭に出てくる。この著作は人文学の研究を扱った入門書であるが，そこでは「もの」の知識と「言葉」の知識との関連から説き始めて，文法や表現法の考察を行っている。この点はさらにたいへん有名となった彼の『言葉ともの双方の宝庫』（De utraque verborem ac rerum copia. 1512, 1540) の表題に「もの」（res）と「しるし＝言葉」（verbum）が使われている。この書は2巻に分かれており，第1巻は文章表現における

---

　19)　アウグスタイン「ロッテルダムのエラスムス」金子晴勇訳，『宗教改革者の群像』日本ルター学会編，知泉書館，78 頁参照。

修辞学の使用法を多くの著作からの引用で豊富に示し，第 2 巻は文章を潤色したり，多様に表現する方法を詳論する。ここに展開する「文章用語論」は先述の『古典読解の方法』とともに人文学の方法論であって，エラスムスの学問の基礎となっているものに他ならない。ところでこの学問方法論を神学に応用したのが『真の神学方法論』（1519 年）と言うことができる。

　エラスムスは自己の神学思想の核心を述べたこの著作で聖書をヘブライ語とギリシア語の原典で学ぶように繰り返し説いた。それは言語が一般的に「もの」を表現する「しるし」として象徴機能をもっており，それぞれの言語に特有な特質が認められるからである。それゆえ言語をある程度は理解していないと，思わぬ誤解に陥ることが起こる。このことはとりわけ神学の研究を志す人々には必要不可欠なことであり，天上的な学問である神学への道と方法を伝えるために偉大な学者が求められるが，彼はそれをアウグスティヌスの『キリスト教の教え』全 4 巻に求め，その模範にしたがって聖書解釈の方法をこの『真の神学方法論』で検討した[20]。

（4）「もの」と「しるし」の人間学的な考察の意義

　こうして「もの」がそれとは異質な「他のもの」を使って，つまり「しるし」を使って表現されるようになるが，この使用は動物と人間とでは使用の仕方が相違することが強調されなければならない。その際，人間の場合には「しるし」は「もの」の象徴となっている。動物の場合には「し

　20）　エラスムス『神学的著作集』金子晴勇訳，「キリスト教古典叢書」教文館，286 頁。

るし」が「もの」を示すと，直接的に身体的反射を引き起こ
す。たとえばパヴロフの動物実験で明らかにされた条件反
射を考えてみると，それは明瞭である。ところが人間の場
合には「しるし」は「言語」のように指示する「もの」に
「意味」や「意義」を伝達する。意味を運ぶ「しるし」，つま
り記号には象徴作用が備わっている。ここから人間には動
物にはない新次元が拓かれてくる。この「象徴を操る動物」
(animal synbolicum) こそ人間である。「象徴」というギリシ
ア語「シュンボロン」は，一つのものの相合う両半分である
「割符」を意味する[21]。だが「もの」と「しるし」の間には同
質性よりも異質性が，したがって次元の相違が認められる。
というのも，「赤」という言葉は少しも赤くないように，「し
るし」と「もの」の間は直接に対応してないで，「しるし」
は記号化されて非類似にまで発展するからである。このよう
な象徴作用を人間学的に解明したのが現代の言語哲学者エル
ンスト・カッシーラーである。彼は次のように語っている。

　　人間の機能的円環は，量的に拡大されるばかりでなく，
　　質的に変化をも受けてきている。人間は，いわば自己
　　を，その環境に適応させる新たな方法を発見した。あら
　　ゆる動物の種に見出されるはずの感受系と反応系の間
　　に，人間においては，シンボリック・システム（象徴系）
　　として記載されうる第三の連結を見出すのである[22]。

---

　21)　だが，そこには使用する人のあいだに約束が交わされる必要があ
り，シュンボロンはその証拠である。
　22)　カッシーラー『人間』宮城音弥訳，岩波文庫，63-64 頁。この文
章は第 1 章でも引用したので最初だけを反復して引用するが，その内容の
説明は第 1 章で行っているので，そこを参照して欲しい。

　このように人間の機能的円環は，量的に拡大されているばかりでなく，質的変化をも受けて来た。人間はいわば自己をその環境に適応させる新たな方法を発見したのである。あらゆる動物の「種」に見出されるはずの感受系と反応系の間に，何かを感じて，それを受け取るプロセスに，人間ではシンボリック・システム（象徴系）として記載されうる第三の連結が見いだされるからである。この新たな機能の獲得は人間の全生命を変形させた。

　総じて言語は音声と文字という「記号」体系を通して「意味」を伝達する。記号は物理的であるが，意味は精神的であり，意味を運んでいる記号こそ「象徴」（シンボル）である。わたしたちが自然の対象である「もの」に知覚作用を向けて事物の認識を得ているように，記号と意味とをつなぐシンボル機能によって人間文化の世界を構成する。そこにある言語の象徴的意義を問題にしてみたい。

　（1）　人間が「シンボル的動物」であるなら，人間と動物との相違は動物の「情動言語」emotional language と人間の文章法と論理構造をもつ「命題言語」propositional language の相違に端的にあらわれる[23]。人間の言語は音節化されており，「主語と動詞からなる」命題言語となっている。ここに認められる情動言語と命題言語との差異は，人間世界と動物世界の間の真の境界を画している。

　（2）　また動物がパヴロフの条件反射に明らかなように，その行動においてサイン（合図）やシグナル（信号）に物理的に反応するのに対し，人間はシンボルによって精神的に応

　23）　人間の発するすべての音声は，なお，大部分，この層に属していても，それゆえ人間の言葉の分析によって，わたしたちはつねに動物界には比類をみない，最も重要な要素に到達する。

答し，人間的な意味の世界に生きる[24]。

　（3）　さらに動物の知能と人間の知性との間にも大きな隔たりがあって，動物は実践的想像および知能をもっているが，人間のみがシンボル的想像とシンボル知能という新しい形式を発展させたということができる[25]。

　（4）　このシンボル形式は一般性と有効性をもった原理であり，人間に特有な世界である文化世界に参入させる。したがってシンボル原理の一般性によって事物と直接触れ合う，直接性から離れて，抽象的に思考することが可能となり，その有効性によって事物に距離を置いて適切に関係し，事物の意味を多様に表現できる。

　（5）　サインとシグナル（合図と信号）が事物に固定的に関わっているのに対して，人間のシンボルは可変的であり自由に動くものである。ここに人間文化の多様性と豊かさ，またその歴史が認められる。

　（6）　もしこのシンボルの原理がないとしたら，人間の生活は動物一般と同様に生物としての必要と実践的知能の範囲に限られ，人間的な意味の世界，つまり宗教・芸術・哲学・科学によって開かれる人間文化の世界は存在しない。

　（7）　言語の多機能性が明らかとなる。言語はしばしば理性または理性の源泉そのものと同一視されてきたばかりか，理性的な概念的言語と並んで，情動的言語があり，論理的または科学的言語と並んで，詩的想像の言語もあって，そこに人間経験の広さと豊かさが示される。したがって言語は単に抽象的な思想や観念を表現するばかりか，感情および愛情を

24）　その理由について本書に 12 頁注 6 を参照。
25）　カッシーラー，前掲訳書，78 頁。

も表現する。こうして理性によっては解明できない経験的な事実は人間文化の特質として解明される。

　ここからシンボル的思考とシンボル的行動が，人間生活の最も特徴的な姿の一つであること，人間文化の進歩全体が，これらの条件にもとづいていることは，否定できない事実である。シンボリズムは人間経験の広汎な経験領域にも，いっそう深い源泉にも適応できる原理である。とりわけ宗教的なシンボル的次元の解明によって霊性の深みをいっそう正確に理解することができるのではなかろうか。

　こうして新しい人間文化の創造の試みはヨーロッパのルネサンス時代に興り，宗教の復活となって実現された。そこには言語の意義が問い直され，その意義の大いなる発見がなされた。それゆえルネサンスは総じて「言葉の出来事」であって，言葉の新しい意味の「再生」と言うことができる。なかでもエラスムスは聖書の言葉がもつ意味を人文学者として問い直し，ルターは宗教改革的認識である「神の義」の発見を言葉がもつ意義の再生から起こしたのである。「もの」は「しるし」によって表現されるが，「しるし」である言葉には「意味の再発見」という出来事を起こすことができる。それは今日においても起こることを予感させる。人間は言語を「もの」の「しるし」として捉え，言語の中に起こっている人間経験の多様性のみならず，深淵性をも探求し直して，文化や宗教のなかに潜んでいる深い意義を再発見することができるのである。次にはヨーロッパの最大の人文学者エラスムスがどのように人文学を学問として求めたかを具体的に述べてみよう。

Ⅲ　エラスムスの源泉志向

　エラスムスが活躍した時代は，人文主義と宗教改革とが歩みをともにして発展し，やがて分裂する時期に当たっている。たとえば1517年には二つの出来事が同時に起こっている。すなわち，その年には世界的に有名になったルターの「95 カ条の提題」が発表され，宗教改革の火ぶたが切られたが，同じ年に人文主義運動も頂点に達しており，フランス王フランソワ１世は人文主義のアカデミーを創設するためエラスムスを招聘した。エラスムスはこれを辞退したものの，このような運動のなかに新しい人文学の開花を目前にみて，その実現を切に願いながら，ギョーム・ビュデ宛ての手紙で次のように叫んでいる。

　　不滅の神よ，なんという世紀が私の眼前に来たらんとしていることでしょう。
　　もう一度，若返ることができたら，なんとすばらしいことでしょう。

　ルネサンスはここでいう「若返り」としての「再生」を意味し，人文学の復興によっていまや新しい時代が近づいていることを彼はここで述べている。同時代の人文主義者で桂冠

詩人である騎士フッテンも同じような叫び声を発している。

　　おお，世紀よ，おお，文芸よ，
　　生きることは楽しい。

　このルネサンスの運動は中世世界の解体から発足する。中世的世界像は信仰と理性，神学と哲学，教会と国家という対立しているものの調和，つまり階層（ヒエラルヒー）による統一の土台の上に形成されていたが，14世紀にはそれが解体しはじめていた。この解体過程は15,16世紀を通じて進行し，宗教改革と対抗改革の時代を経て，17,18世紀に入ってから明瞭な輪郭をもつ近代的世界像が形づくられるようになった。このようにルネサンスが古代文化の復興というかたちで中世統一文化からの解放を試みているのに対し，宗教改革は新約聖書に立ち返って中世教権組織と真正面から対決し，新しい時代への転換をもたらした。この時代の精神的な状況はカトリック教会の堕落によって示される。

1　新約聖書の序文を書くエラスムス

　ホルバイン作「エラスムス」（1523年）を見ると，エラスムスは1516年の2月，書見台の前に立って，その最新作である『校訂：新約聖書』の最初の頁に付けられることになる献呈の辞を執筆している。彼は次のように書いている。

　　キリスト教の再建と改善のための，いわば土台となる希望と聖なる錨は，地にあるキリスト教哲学の信奉者のすべてが福音的で使徒的な著作——その中にはかつて御父

の心からわたしたちに到来した天上の言葉がなおも生
き，息づき，扱われ，わたしたちとともに語っており，
他のどこにもないように活動的にして造形的である──
にもとづいてキリスト教の創始者の教えに沈潜すること
に依拠していることは全く明らかであるし，またあの救
済の教えが遥かに純粋に，かつ生けるものとして血管そ
のものの中に見出され，沼とか脇道に入った小川からよ
りも源泉そのものから汲まれたのをわたしは知っていま
す。それゆえ，わたしは新約聖書の全文を忠実にオリジ
ナルなテクストにしたがって批判的に改訂しました。無
責任であったり，労を省いたりしないで，多くのギリシ
ア語とラテン語の手書き本を，しかも勝手に選んだ写本
ではなく，もっとも古くかつ最善の写本を参照して改訂
しました。

　このような源泉志向はラテン語で ad fontes という表現で
言い表される。そこにはつねにある種の高揚した気分が見い
だされる。彼は黄金の世紀が今や始まろうとしているのを感
じとっており，それに彼の才能をもって寄与しようとする。
ここに引用した数行の文章の中にエラスムスにとってとくに
特徴的な二，三の表現がある。彼が新約聖書を非常に高く評
価していることは明らかである。彼はこれをとても高く評価
しているので正しい本文を確定し，注を付けて説明しよう
と，最大の努力を注いでいることは明白である。それは厳密
な言語学的作業を必要とする。源泉そのものに突き進み，沼
や脇道にそれた小川に満足しないことが肝要である。とはい
え大事なのは単に文芸上の仕事だけではない。結局は生ける
御言葉，つまり今日においてもなお新約聖書の中で語り，行

動するイエスに関わる問題である。イエスが誰に語っている
かという問題は「地にあるキリスト教哲学の信奉者のすべ
て」にと答えられるであろう。だが，この表現は最初一瞥し
ただけでは理解しがたいものである。そこで彼がどのように
源泉に遡って，聖書に書かれた言葉の威力を信じとって，そ
こから自己の哲学を形成していったかを学んでみたい。

　エラスムスは若い時代の代表作『エンキリディオン──キ
リスト教戦士摘要』(1503 年）で古代文献の源泉にまで遡っ
て自己の思想を形成しはじめていた。そこには最初から哲学
と神学との総合がめざされており，この総合は内容的には
「キリストの哲学」(philosophia Christi）として結実したので
ある。ペトラルカがはじめてこの表現もしくは概念を使って
おり，ドイツの人文主義者にして先輩に当たるアグリコラか
ら直接学んだものであるが，ルネサンスの知識人には訴える
ところが多かった。この初期の著作ではいまだ「キリストの
哲学」という用語は見られないけれども，この書物の基本思
想はこれによって最も適切に表現されうるといえよう。この
書物に対して当時二つの抗議がもちあがっていた。その一つ
は教養が無視されていること，もう一つは修道院と儀礼に対
する否定的態度に対する批判が向けられていた。

2　「キリストの哲学」の提言

　これに対する反論として「ヴォルツ宛の手紙」が 1514 年
のフローベン版にはこの書の序文として加えられ，そこに彼
の教養と敬虔についての思想の中核が「キリストの哲学」と
して次のように述べられている。

それゆえ，キリストが死にたもうたのは，確かに，富・宝・武器・その他世俗的王国の華麗さ——それはかつて異教徒たちのものか，少なくとも俗っぽい君主たちのものでした——が，いまや若干の司祭たちの手に渡るためではありません。わたしの考えが尋ねられているとしたら，わたしたちは武器をためすよりもはるか以前に，彼らの精神を手紙や小冊子によって励ますよう試みなければならないのです。では，どのような手紙によってなのでしょうか。脅迫的な手紙でも暴君的な手紙によってでもなく，真に父のような愛に満ちており，ペテロやパウロの心を反映し，使徒的表題を単に示しているだけでなく，使徒の力が味わわれるような手紙によってなのです。わたしがこのように言うのは，キリスト教的哲学のすべての源泉と水脈とが福音書と使徒の手紙のなかに隠されていることを知らないからではなく，その言語が外国語であってしばしば混乱しており，さらに表現のあやと婉曲な比喩とが，理解するよりも前にわたしたちにたびたび汗をかかせるほどの困難さをもっているのを知っているからなのです。したがって福音書記者と使徒との最も純粋な源泉から，また最も信頼できる解釈者たちからキリストの哲学の全体を要約して集めるという任務，しかもそれを学術的である限度内で単純に，明晰であるという条件の下に簡略に行なう任務が幾人かの敬虔であり同時に学識がある人々に委ねられることが，わたしの意見ではもっとも適切なことだといえましょう[1]。

---

1)　エラスムス『エラスムス神学著作集』金子晴勇訳，教文館，202頁。

　ここに「キリストの哲学」および「キリスト教的哲学」
（Christiana philosophia）の用語が最初に出ている。しかも
それの簡潔な内容と『エンキリディオン』との関連が示
される。このことばには「キリスト教的教養」（humanitas
chrisitiana）というエラスムスの人間の理念が含意されてい
る。ところでこれより二年後に，この「キリストの哲学」な
る概念は最初，『新約聖書序文』の最初の節「パラクレーシ
ス」で表現されている。そこには，「パラクレーシス即ちキ
リスト教的哲学研究への勧め」（Paraclesis id est adhoratio ad
Christianae philosophiae studium, 1516）との表記が与えられ
ていた。そこでまずこの序文におけるこの概念の使用法と特
質を検討し，次に『エンキリディオン』にみられる彼の哲学
の内容を再び考察し，さらに彼のキリスト論について述べ，
全体としてこの概念の意義を明らかにしてみたい。
　エラスムスは「キリストの哲学」という言葉で何を表現し
ようとしたのか。この表現だけ見ると，誰にでも分かるよう
に，それが多くの誤解を招いたであろうと感じられる。とこ
ろがそこにはある意図が隠されていた。これまで一般に用
いられてきた「教義」（dogma, doctrina）の代わりに「哲学」
を使うことによって，新鮮な感覚をまず呼び起こしている。
ルノーデによるとこの表現はエラスムスの福音的実証主義を
表わしており，それは哲学と神学を嘲笑している。エラスム
スは福音にもとづく道徳を提供しようとし，信仰のあらゆる
定式化と義務づけられた教会の実践に反対して，完全な霊化
に到達するような自由を弁護しているという[2]。「キリスト教
的哲学」という聞き慣れない表現が示しているのは，神的で

　2）　A. Renaudet, Etudes érasmiennes 1521-1529, VII-XIX, 122-189

あると同時に親しみを感じる教師の教えがエラスムスにとっ
ては大切であるということである。したがってエラスムスは
とくにプルタルコスとキケロに向かい，福音にしたがって
それらを修正している。これに対してルイ・ブイエ（Louis
Bouyer）は，この表現はギリシア教父たちに遡るもので，
エラスムスによる意図的な擬古主義であると正しく指摘し，
ルノーデの見解をはっきりと否定する[3]。他の研究者たちも，
この用語は中世の修道的伝統にも未知のものではなかったと
説明している。

　彼は一方においてスコラ主義的な思弁神学を退けながら，
他方，民衆の呪術的・迷信的信心を嫌っていた。そこで前者
に対して単純明快に「キリスト」を，後者に対して，理性に
かなった「哲学」を対置して，自分のキリスト教人文主義の
特質を提示しているといえよう。しかし彼はキリスト教哲学
によって一般に想起されるような哲学と神学の融合を考えて
いたのでも，哲学によってキリスト教を体系化することを構
想していたのでもない。中世スコラ哲学はこの種の壮大な試
みであったとしても，彼はこのような知的体系化の試みには
疑いをいだいていた。そうではなく，『エンキリディオン』
に展開していたように，ギリシア哲学に匹敵する内容がキリ
スト教自体のうちに存在すると彼はみており，「キリストの
哲学」というべきものが聖書の源泉において，とりわけ預言
書と使徒書によって確証できるということを説いた。つまり
彼はキリスト教，とりわけその源泉たる聖書の中にプラトン
哲学の内容と一致するもの——彼はこの一致において真理を

　3）　Louis Bouyer, Erasmus and his Times, trans. by F. X.Murphy, 1959,
p.105-121

捉えようとしている——を認めたので，「キリストの哲学」
なる名称を選んだといえよう。このことはアウグスティヌス
がキリスト教を彼の時代における真の哲学として確信してい
た態度と共通する。エラスムスもキリスト教をプラトン哲学
に解消しないで，プラトン哲学との比較を通してキリスト教
の教えの真理を解明し続けて行った。

3　「キリストの哲学」の中心思想

　そこでまず『パラクレーシス』から代表的なテクストをあ
げ，その内容について検討してみよう。

　　とりわけこの種の知恵はたいへんすぐれているので，現
　　世のすべての知恵を断固として愚かなものに引き戻して
　　しまうでしょう。ですからこれらの僅かな書物により，
　　あたかもきわめて明澄な泉から汲むように，それを汲み
　　だすことができます。しかも全く分厚く難解で，解釈者
　　の相互に矛盾している無数の注解書からアリストテレス
　　の学説を捉えるよりもはるかに苦労することなく味わ
　　い，そのため何んと多くの実りが伴っていることでしょ
　　う。あなたはあの学科の息苦しい道具をたずさえて近づ
　　く必要はここではないのです。旅の費用は簡単にすべて
　　の人に準備されております。何よりも単純で純粋な信仰
　　によって与えられる，敬虔深く意欲的な心をあなたは準
　　備するだけでよいのです。ただ学ぼうとするだけで，あ
　　なたはこの哲学の中で大いに上達しております。この哲
　　学は単純な心にだれよりもいっそう喜んで自らを分かち
　　与える聖霊を教師として授けます。……この種の哲学は

三段論法の中よりも心情の中にあり，論争ではなく生活であり，博識ではなく霊感であり，理性よりも生の変革です。学者になることは少数の者にとって辛うじて成功しますが，キリスト者であることや敬虔であることは誰にでもできるのです。わたしはあえて付言したい，神学者であることは誰にでも可能なことです，と。さらに最も自然にふさわしいことは，すべての人の心の中に容易に入って行きます。キリストが「再生」と呼びたもうたキリストの哲学とは良いものとして造られた自然の回復にあらずして何でありますか。したがってキリスト以上に誰も決定的にかつ効果的にこれを伝えたものはなかったのです。しかし異教徒の書物の中にもこの教えに合致する多くのものを見いだすことができます[4]。

ここにエラスムスが説く「キリストの哲学」がはじめて明確に内容的な特質を与えられている。その特質のいくつかをあげてみよう。

4　「理性よりも生の変革である」

ここでいう理性（ratio）は三段論法，論争，博識と述べられている事柄を総括する概念であって，スコラ神学的思弁を指して語られている。これに対立するのが「生の変革」（transformatio）であり，これは心情，生活，霊感と並べられていて，聖霊の導きの下に立つ霊的生活であり，その中心は不断の自己改造を志す理想主義の立場である。このような

4）　エラスムス，前掲訳書，230頁以下。

自己改造こそキリスト教による哲学のめざすもので，人間の心情に迫る高次の宗教的生に属している。

5　「良いものとして造られた自然の回復」

　キリストの哲学は創造における自然本性が罪によって壊敗している現実に働きかけ，それを新生させること，もしくは改造することを内実としている。この「回復」はキリストご自身「再生」（renascentia）と呼ぶものだと説明されている。このレナスケンティアは「ルネサンス」と後に呼ばれることになる運動の名称の一つの源泉ということができよう。ルネサンスという概念は本質的には宗教的意味をもっており，新約聖書の語法「新しく生まれる」（ヨハネ 3・3 以下），宇宙的再生をいう「世が改まって」（マタイ 19・28），「再生の洗い」（テトス 3・5）につながっている。また，この哲学の教えに合致する異教徒の書物を指摘している点で人文主義者としての特質が示されている。しかしキリストの方が「決定的にかつ効果的に伝えた」とあるように，キリスト教に立つ人文主義がここでも明瞭に語られている。『新約聖書の序言』と同じ性格の書である『真の神学に近道で達するための学習法あるいは方法論』（Ratio seu methodus compendio perveniendi ad veram theologiam,1518）には次のように語られる。

　　弁証論者〔論理学者〕のもとでは巧妙に推論し，論敵に罠を仕掛けるようにめざします。あなたの唯一にして第一の目的と祈りは，あなたが変えられ，連れ去られ，あなたが学んでいるものへと改造されるという，一つのこ

52

とを実行することです。心の糧は胃のように記憶の中に
沈澱しているのではなく，情意そのものと精神の内奥に
移されることになって初めて役に立ちます[5]。

　このような自然本性の変革による回復をめざすのがエラス
ムスの実践的な「キリストの哲学」の目標である。

6　聖書主義の神学

　「これらの僅かな書物から，あたかもきわめて明澄な泉か
ら汲むように，知恵を汲みだすことができる」とあるごと
く，「僅かな書物」は新約聖書の諸書を指し，そこに知恵の
源泉があって，そこから知恵がゆたかにあふれでているとい
う。この聖書について『パラクレーシス』は次のようにも語
る。「純粋で真実なキリストの哲学は福音書と使徒書から汲
みだされるのにまさって，他のどこにもそれほどまでに豊か
には与えられていない，とわたしは思います。この書物に
よって敬虔に哲学するものは議論よりも祈り，武装すること
よりも生活が改造されることを求めています。……わたした
ちが何かを学びたいと願うなら，どうしてキリストご自身よ
りも他の著者を喜んだりするのですか」[6]。
　キリストが哲学することの対象となっている。というのは
キリストは天上的な教師であり，永遠の知恵をもち，「人間
に救いをもたらす唯一の創始者として救済に必要なことを教
えたもうた」からである。こうして「死すべき者たちに教示

5）　エラスムス，前掲訳書，290頁。
6）　エラスムス，前掲訳書，236頁。

するために神であった方が人となったこと，不死であった方が死すべき者にされたこと，み父の心のうちにいた方が地上に派遣されたこと，このことは新しい驚嘆すべき種類の哲学であるにちがいない」[7]。

このようにキリストの哲学は人格の改造と再生とを目標としているが，それをもたらしたキリストとの生ける人格的出会いをエラスムスは力説し，救済のため受肉したキリストとの交わりを徹底的に追求している。聖書の中のキリストは「今なおわたしたちのために生き，呼吸し，語り，人々のあいだに滞在したもうたときよりもいっそう活動的でありたもう，とわたしは言いたいほどです」。だからスコラ神学が説いているように膨大な数のアリストテレスの注釈書を播読する必要など全くないと彼は主張する。

わたしたちはここにエラスムスの聖書の源泉をめざす志向の意味を明瞭に理解することができる。それではエラスムス自身はキリストを受け入れ得たことによってどのような生活の変化を経験したのだろうか。この点を次に解明してみよう。

7）　エラスムス，前掲訳書，230頁。

IV　人文学による自己形成
——エラスムスの場合——

　先に述べた「キリストの哲学」というエラスムスの思想は
どのような経過を採って具体的に実現するに至ったのか。わ
たしたちは次にこの点を初期の作品を通して明らかにしてみ
よう。

　エラスムスが最初に人文主義の文化に触れたのは，9歳の
ときデヴェンターの聖レブイヌス参事会の名門校に入り，7
年間教育を受けた際，「新しい敬虔」（devotio moderna）の
兄弟団においてであると一般に考えられている。確かにドイ
ツのペトラルカと呼ばれたアグリコラの講演を彼はこの間に
聞いている。この有名な人文主義者アグリコラは1484年に
は「キリストの哲学」（philosophia Christi）の術語を使用し
ていた点でもエラスムスにとって大きな影響を与えたといえ
よう。その後，エラスムスはボワ・ル・デュックで3年間
兄弟団の宿泊所で世話になったが，兄弟団の一員にもなって
いないし，町の学校にも出席していない。彼は良い教師にめ
ぐまれず，独学せざるをえなかったようである。彼はラテン
語の力では教師たちに優っていたようであり，大学に進学し
たかったが，貧しいためその希望も空しく，16歳のときス
テインの修道院に入った。

1　ステインの修道院における人文学の学び

　エラスムスは大学へ進学したかったが，彼の後見人たち
は，孤児となった兄弟がお金のかからない宗教界に入るよう
に取り計った。そこで 1487 年，兄弟は二人とも修道院に送
られた。エラスムスが入った修道院は，アウグスティン修道
参事会に属するゴーダ近郊の町ステインの修道院である。

　当時オランダにゆきわたっていた人文主義の文化をエラス
ムスも獲得してはいても，一般に考えられているように，そ
れはデヴェンターの学校教育によって修得したというより
も，彼自身の精神的努力と，例外的ともいえる文学的才能に
よって自分のものにしたといえよう。したがって次のように
言うことができる。「ステインのアウグスティヌス修道会に
入会するという強い誘惑を感じた理由は，彼らが立派な図書
館を持っていたことにあった。ルターが修道院に入ったの
は，善いわざによって自分の魂を救うためであったが，エラ
スムスの場合は，立派な書物によってその精神を啓発するた
めであった」[1]。

　エラスムスの最初の著作『現世の蔑視につて』は彼が修道
院に入ったころ，若い人びとに対して修道の生活を勧める文
章を書いて欲しいとの依頼を受けて書かれた小冊子である。
その内容は自分が行なったように修道院に入って閑暇のある
静穏の日々を多くの読書のうちに過ごし，真の歓びを見い
だすように，と友に勧めているもので，書簡体で書かれてお

---

　1)　R.H. ベイントン『エラスムス』出村彰訳，1971，日本基督教団出
版会，24-25 頁。

り，中世以来の「現世の蔑視」の系譜に入っていても，内容
は人文主義の精神にみたされている。

　古典著作家たちは，たとえば先に挙げた手紙のなかでは
ウェルギリウスとテレンティウスは，単に装飾的な付属品で
はなかった。エラスムスのような人々を動かしたのは，「良
き学問」（bonae litterae）すなわち人文学に属する古典文学
の研究という理想だった。人々は古代，まずラテン古代に魅
了された。エラスムスと彼の友人たちは，詩を書き，自分た
ちを詩人だと感じており，表現法や音楽的な言葉に敏感だっ
た。しかし言葉は内容を伴う。すなわち平凡で荒涼とした現
実に対立する美の新しい世界である。美への憧れは当時流
行だったが，それだけではなかった。当時すでにエラスム
スは，ラテン著作家たちについてのかなりの知識を身に付け
ていたようである。ある手紙で彼は無造作に 15 人の名前を
挙げているが[2]，その頃に彼が書いた手紙をみると，彼がそ
れらの著作家たちを読んでいたということがわかる。彼は，
フランチェスコ・フィレルフォ，アゴスティーニ・ダティ，
ポッジョ・ブラッチョリーニ，とりわけロレンツォ・ヴァッ
ラといったイタリアの人文主義者たちのことも知っていた。
教父のなかではアウグスティヌス，とりわけエラスムスの生
涯を通しての導きの星となるヒエロニュムスである。

　学問を志す人間にとって，修道院は何という幸せを与える
であろうか。人はそこで読書し，反芻し，著述することがで
きる。この喜びは決して絶えることがない。いろいろの種類
の図書があるから。それに加えてルネサンスの源泉志向がも

　2）　Allen. EP（Opus Epistolarum Des. Erasmi Roterdami, 1906-47）アレ
ン編『エラスムス書簡全集』20，97-101

う始まっている。

> だがもしそれを源泉そのものから (ex ipsis fontibus) 求めたいなら，新旧二つの聖書の諸巻が調べられる。もしそれ自身でも美しい真理が雄弁の輝きによってさらに美しくなるのを好むなら，ヒエロニュムス，アウグスティヌス，アンブロシウス，キプリアヌスその他同類のものに向かう。もし少しでも嫌気がさしてきたら，キリスト教的なキケロに耳を傾けたいなら，ラクタンティウス・フィルミアヌスを膝に置けばよい。しかしもし余り贅沢でない，慎ましい食事を好むならば，トマスとかアルベルトゥスとかその他の似たようなものの書物を手に取ればよい。……こうしてあなたは聖なる神秘に満ちた多くの書物を手にしている。あなたは預言者と使徒たち，注釈者と博士らの記念碑を入手している。哲学者や詩人たちの著作ももっているが，トリカブト（有害な植物）のうちにも有益な薬草を選び出すことを知っている人は，これらを遠ざけてはならない。さて何と言おうか。こうした最高の閑暇・最高の自由・心配もなくて時を過ごすことは，それは喜びの楽園（delitiarum paradisus）に住まうことではないですか[3]。

　エラスムスは終わりに読者に向かって，わたしにはあなたがたが修道院に入るため，荷物をまとめているのが目に見えるが，あまり急いではならないと警告する。ひとたび入ると

---

　3)　Erasmus, ASD（『アムステルダム版エラスムス全集』）V-I, 79, CWE.（『トロント大学編エラスムス英訳版著作集』）170-1

二度と脱け出すことのできないような修道院に入って，自分
を閉ざし，苦しめないようにと警告もする。この時点では彼
はまだ生まれて間もない幼児にすぎないから，このように修
道院に対する評価が逆転したりしている。しかしエラスムス
の論じているのは，少なくとも内面的な信仰は，修道院に入
ることによって自ずと成長するのではなく，世俗においても
可能であるということである。

2　『反野蛮人論』とその構成

　エラスムスはやがてサンプレーの司教の秘書となってステ
インの修道院を去るのであるが，それに先だって『反野蛮
人論』（Antibarbari）の草稿を書いた。表題に合意されてい
る「野蛮人」は当然のことながら，ステイン修道院の在院修
道士や上長のある人たちを指しているであろうが，彼らは文
学の研究や学問を軽蔑し，古代文化の偉大な伝統を重んじな
い人たちであった。この書物は四人の対話から構成されてお
り，当時の学問の衰微がいかなる原因によるのかと問題提起
がなされ，キリスト教と古代文化とを対立的に措定すること
が誤りであることが，エラスムスの友人でその代弁者である
バットによって語られる。これはすでに『現世の蔑視』で暗
示されていたことの発展であり，聖書とギリシア・ローマ
文化との総合という彼の思想の特色をよく示している。だが
同時にイエス・キリストを普遍的ロゴスの受肉した姿とし
て捉え，最高善として提示するような「キリスト中心主義」
の萌芽も見られる。この思考はやがて「キリストの哲学」
（philosophia Christi）として結実するようになる。
　『反野蛮人論』は最初 1489 年に「ゲラルドのオラチオ」

（oratio）という形で「教養のない人々」（illiterali）を批判する小著として計画された[4]。

　この書の主題はエラスムスがペストを避けて滞在していたベルゲン・オプ・ゾーム近郊のハルステーレンという田舎で，五人の友人たちが「良い学問」について対話形式で論じる仕方で展開する。しかし，その内容はベルゲン市の秘書ヤコブ・バトス（実在の人物）がエラスムスの代弁者となって対話を進め，「最良の学芸」（optimae artes）の衰退の原因についての議論から始まり，良き学問の弁護，「知識は人を高ぶらせるが愛は造り上げる」（Ⅰコリント 8・1）に関するヒエロニュムスとアウグスティヌスの説の引用によって展開する。それによってエラスムスが古典文化の何をどのようにキリスト教にとり入れていったが明らかとなる。

3　「良い学問」としての古典文化

　「良い学問」（bonae literae）におけるリテラは元来「作品」の意味をもち，複数形でも用いられ，それは異教徒たちによる発明である斧や鋸，楔，定規など鉄や鋼鉄の加工や織物，染色，金属の鋳造などに属する一つである。これらの異教徒の発明の一つに属する「学問」について次のように言われる。

　　悪霊によって発明されたものの使用があなたがたに許さ

　4）『反野蛮人論』は 1494 年頃四部からなる作品に書き直そうとし，1506 年に 1 部と 2 部に手を加え，3 部と 4 部の資料と一緒に友人に預けたのであったが，これが紛失したので，1494 年の草稿を修正した上で 1520 年に出版された（『反野蛮人論』（1520 年版）の序文を参照）。

れるのなら，学識豊かな人々の学問（litera）の使用も
わたしたちに許されるのではないでしょうか。……わた
したちがラテン語で書き，ともかくラテン語で話すとい
うことを，わたしたちは異教徒から受け取りました。彼
らによって文字（Characteres）が考えだされ，彼らに
よって弁論（oratio）の使用も発見されたのです[5]。

　それゆえ，リテラ（litera）というのは「言葉に関する技
術」である。それは古典文化から受け継いだ「文字」，「手
紙」，「文書」などを指しているが，この書では「学問的な
知識・教養」，「学問的な研究」，「学問」をも意味する。そ
の同義語は eruditio と disciplina である。eruditio の意味は，
「教育」とそれによってえられる「教養」や「博識」である。
disciplinae も教育内容であって「知識」，「学問」，「教養」で
ある。
　ではこの知識・学問の具体的内容な何であろうか。それは
一般の人には誤って不道徳のように考えられている。

　　ある人がとても学問（literae）に精通していると，その
　　人はきわめて不道徳であると一般的に言われているのを
　　わたしは耳にする。この侮辱は修辞学者や詩人たちだけ
　　ではなく，神学者，法学者，弁証家また他の学識豊かな
　　人々にも向けられます。それはすべての人によって反駁
　　されなければなりません。……彼ら〔野蛮人たち〕は
　　詩（poetice）をみだらな業だと考え，修辞学（rhetorice）
　　をおべっか術のほかの何ものでもないとみなし，地理学

---
5)　Erasmus, ASD I-1, 80, 17-18; 23-25.

　（geographia）と天文学（astrogia）が占いのような穿鑿
好きで好ましくない術（artes）であると信じています[6]。

　またヒエロニュムスの手紙から引用して、「自由学芸」
（artes liberales）、つまり文法，修辞学，哲学，幾何学，弁証
学，音楽，天文学，医学[7]もそれに属するという。アウグス
ティヌスも自由学芸を「すでに成就されたもの，あるいは神
によって制定されたもの」としている点が指摘される[8]。そ
こには論理学，修辞学，自然学，幾何学，天文学，音楽，歴
史，文法，弁証論があげられており，アウグスティヌスに
よると「弁証論，修辞学，自然学，歴史等々の人間の才能
（ingenium）によって発見された諸学問（disciplinae）は，人
間がこれらのものを，〈自分で作りだしたのではなく，どこ
にでも注ぎ込まれている神の摂理（providentia）という言わ
ば鉱山から恰も金や銀のように掘りだした〉[9]がゆえに，金
や銀で鋳造されているように思われた」[10]。

4　キリスト教と古典文化の統合

　この書のなかでエラスムスがめざしてきた学問が，究極に
おいて古典文化とキリスト教との統合である点を指摘してお
きたい。それゆえ「世俗の学問」の中には「良い学問」とそ

　6）　Erasmus, ASD I,-1, 85, 18-21：f.
　7）　Allen EP 53,6,1
　8）　アウグスティヌスの『キリスト教の教え』（De doctorina Christiana）第 2 巻 19 章から 40 章までに 10 箇所をエラスムスは『反野蛮人論』で引用している。
　9）　アウグスティヌスの『キリスト教の教え』II, 40, 60 MPL.34, 63
　10）　Erasmus, ASD I-1, 117, 19-23.

うでないものとをキリスト教徒は分けなければならない。

　　わたしたちは異教徒の学問から逃げるべきではなく，そ
　　れをよく清めてキリスト教徒の教養に移さなければなり
　　ません。……わたしが「よく清めて」と言ったのは知識
　　（scientia）に関してではなく，意見（opinio）に関して
　　言っているのです。異教の哲学者たちの誤りを読むこと
　　ではなくて，それらを教会の議論に混ぜ合わすことが有
　　害なのです[11]。

　彼は古典文化と良い学問を選別し，雄弁と知恵を選択した
が，選別の基準はキリスト教にとって有益であり必要である
点である。それはキリストの教えを基準にした正しさであ
り，キリスト教的真理のことであり，学識ある人々の役目は
異端者たちからキリスト教の正しい教えを峻別していなけれ
ばならない。このような学識ある人々とはヒエロニュムス，
アウグスティヌス，キプリアヌス，クレメンス，ヨハネス・
クリュソストモスなど多数の教父であって，彼らの学識は
「キリスト教的な教養」（eruditio Christiana）と呼ばれた。
　次に問題となったのは学問と敬虔の関連である。それは学
問が良い精神を生まない事実に発している。

　　ヨドクス　わたしは，彼らが世俗の文芸と呼んでいるも
　　のとキリスト教の敬虔とは結びつかないと固く説得され
　　ている修道者と，時折，出会います。
　　バトス　彼らは間違っていません。彼らには結びつきま

_____

11）　Erasmus, ASD I, 1, 112,17-23.

せん。彼らには両方とも欠けているから。しかしヒエロ
ニュムスやキプリアヌスやアウグスティヌスや他の多く
の人の場合には結びつきました[12]。

　ここに挙げられた教父たちの教養は，キリスト教のために
善用された学問のことである。したがって彼らが敬虔である
のは，学問によってではなく，知性よってでもなく，それを
善用する行為によるのである。それゆえ「そのような神秘的
な名称は，知識（scientia）にではなくて，行状（mores）に
関係づけられなければなりません。もっと神学的に言うと，
知性（intellectus）にではなく，情意（affectus）に関係し
ています」[13]と言われる。知性に属する学識と教養は，情意
に属する「敬虔」「徳」「良い人」とは次元を異にしている。
「学識・教養」とは「粗野」「無知」「愚か」と対立するが，
「単純」（simplicitas）とは両立することができる。教養と敬
虔は相反するものではないが，しかし二つのことは異なる領
域に属するのである。
　それでは古典文化の知恵はどのようにキリスト教に統合さ
れるのであろうか。古典文化の知恵は世俗の知恵であって，
キリスト者も異教徒も人間であるかぎり，人間として共通に
もっている，人間に関して自然本性的な経験から得られる真
実である。エラスムスはこの種の「知恵」を，キリスト教の
教えのための言わば薬味のように添える。このことによって
文章が活性化され，親密性が増大するばかりか，人間の具体
的な生活の営みとキリスト教とが結びつけられるからであ

12）　Erasmus, ASD I, 1, 96, 29-97, 2
13）　Erasmus, ASD I, 1, 99, 19,-21

る[14]。

　したがってエラスムスが古典文化から直接採り入れたのは文法，修辞学，弁証学，自然学などの良い学問と雄弁および人間的な知恵である。これらは世俗的な学問や教養であって広く人間経験から得られる学問であり，人間一般に共通する経験的な真実である。彼はこれを「知識」（scientia）と呼び，プラトンが「意見」（opinio）と呼んだ主観的な思いなしから区別し，後者は取り除くべきであると主張した[15]。それゆえキリスト教の観点から古典文化は選別されて採用されたのである。このようにキリスト教教父が実行した伝統にしたがって古典文化とキリスト教はエラスムスによって統合されたのである。これがエラスムスのキリスト教的人文主義なのである。

5　予備学としての人文学

　古典古代の教養は，後にエラスムスが初期の神学的な代表作『エンキリディオン──キリスト教戦士の手引き』で明瞭に説くように，キリスト的真理を理解するためのプロペドイティーク（予備学）であった。それは最高の教養というものがやはり最高の書物にもっとも近いからであると彼は考える。そうはいっても彼は未だ『反野蛮人論』では真の統合に到達していない。彼は何人かの役に立つ手本，とりわけヒエ

---

　14)　畑宏枝「エラスムスにおける『反野蛮人論』とヒューマニズム」「基督教学研究」17 号、1997 年、61 頁参照。
　15)　ここにはプラトンが『国家』で認識論において厳密に区別した「学知」（エピステーメー＝学的認識）と憶見（ドクサ＝憶測的見解）にしたがう議論が展開している。

ロニュムスとアウグスティヌスを参照するようにと指示する。彼は最近の神学者たちの尊大さを厳しく非難しているが、彼らは自分たちとその仲間以外には何も認めず、自分は何でも知っていると思い込んでいるからである。したがって彼らは典型的な反アカデミーの徒であり、古代の「アカデミア派」（Academici）が「判断中止」を説いて自分の判断をむしろ差し控えようとしていたのと正反対の態度をとっている[16]。

　しかしエラスムスは今どのようにしてこの統合を達成できるのか、未だその方法を知らなかった。彼はただ「学問」（literae）研究の権利を主張し、スコラ神学者が学問研究を役に立たず危険だと思っている姿勢に反対したにすぎない。こうした論争の傾向が『反野蛮人論』では目立ち、エラスムスは積極的解決を何も提供していない。

　しかしながら、わたしたちはこの著作の意義を過小評価してはならない。これはエラスムスの発展に一時期を画するものだからである。ここで初めて彼は、後の著作で中心テーマとなることをはっきりさせたのである。すなわち、誠実な良心の人が如何にして文化人であると同時にキリスト者であることができるのかということである。

　修道院を去ったエラスムスは博士号の学位を取得する目的でパリに移った。1495年から99年にかけてパリに滞在中、彼は新しい敬虔やピエール・ダイイやジェルソンも採用した神秘主義に触れず、むしろルネサンスのヒューマニストたちから多大な影響を受けた。なかでもヒューマニストのガガンについて学んだが、ルフェーヴルやビュデの影響によってイ

---

16)　Erasmus, ASD I,1,89, 11-90,10

タリア・ルネサンスとの関係も生じてきていた。しかし，決定的には渡英した期間（1499-1506 年）にオックスフォード大学で知り合ったコレットによってイタリアの人文主義者たちについて知り，コレットとの出会いがエラスムスにその使命を自覚させるにいたった。

6　ヒューマニストから聖書人文学への転身

　最初にイギリスにわたったとき，エラスムスはウイリアム・プラントとモンジョウイ（マウントジョーイ）公の教師としてであった。当時 20 歳の公（後にヘンリー王子の家庭教師）は，上流階級の人々と自由に交際することができた。それが縁でエラスムスは，後にヘンリー 8 世の大法官となるトマス・モアを知った。モアはエラスムスを，王子や王女の宮殿に連れていったが，そこでエラスムスは後のヘンリー 8 世に遭った。彼はその時 8 歳であったが，すでに本物の王としての風格を備えていた，と何年か後にエラスムスは書いている[17]。彼はイギリスには気高い精神と教養があるのをジョン・コレット，ウイリアム・グロウシン，トマス・リナカー，トマス・モアのような人々にうちに捉え，「ここでは至る所で，どれほど豊かに古き学問の種子が芽生えているかは，驚くべきことです」と言う。

　イギリスで知り合った人物の中ではジョン・コレットとの出会いが決定的となった。コレットは最初彼に金銭と宿舎の世話をしてくれたが，同時に有力な手づるをもっている保護者でもあった。そればかりではない。エラスムスは 1499 年

---

17)　Erasmus, Allen EP I, S. 6, 14-16

にコレットの行なったパウロ書簡の講義を聴いて，深い感
銘を受けた。そして 1510 年に彼がコレットに再会したとき
——このときコレットはロンドンの聖ポール大聖堂の説教師
で，彼がそこに創立した学校の校長だった——再び彼の魅力
のとりことなった。

　コレットがエラスムスの精神的発展に多大の貢献をしたと
いうことに疑いの余地はないが，それがどのような影響であ
るのかをはっきりとさせるのは難しい。コレットの決定的な
影響と役割はすでに以前から研究者の間で認められていた。
つまりエラスムスが文筆家から聖書学者に転向したのはコレ
ットの影響によるものであり，彼のおかげで最初のイギリス
滞在が人生の転機になったと言われていた[18]。しかしエラス
ムスを聖書文献学の研究へと導いたのは，必ずしもコレット
であるとは言えない。なぜなら聖書研究に関して，両者の方
法は非常に異なっているからである。コレットはギリシア
語を知らず，ウルガダにもとづいて彼の講義を行なった。コ
レットの魅力は彼の人となりにあったと思われる[19]。

　コレットはフィチーノの代表作『プラトン神学』から愛の
神秘主義を学んでいた。このコレットによると「愛は力と能
力では信仰よりもはるかに優れており，人を高みにまで超越

　　18）　この考え方は，フレデリック・セーボームの興味深い研究が
1867 年に出版されて以来，一般に認められてきた。そこでは「共同作業」
（fellow-work）という特徴的な方法でコレット・エラスムス・トマス・モ
アの三者が把握されている。ロバート・シュトゥッペリッヒはこれに反論
したが，この点でアウグスタインはその反論が正しいと言う（Augustijn,
Erasmus p.51-53 参照）。
　　19）　エラスムスがコレットの死後まもなく書いた伝記もこのことを明
らかにしている（A IV1202, 245-616）。大切なのは，まず第一にコレット
という人間なのである。

させ，神と結合させるためにとても効果的である」[20]。この愛
によって神と合一した意志は，神に対する愛に燃え，新しい
存在となり，下品な魂のうちにあった卑しい意志は神の愛の
担い手となり，「その意志は聖き愛であり，神の愛である」[21]
と説かれた。というのは神の愛は人間を改造し，神と似た状
態に近づけ，地上における神として存在するからである[22]。
このような神化の思想は元来東方教会において説かれたもの
であったが，コレットはその思想を「キリストによって人々
は神のもとに呼び戻され，神々とされる」[23]と表現し，人間
は「キリスト者たち」（Christiani）と呼ばれるのではなく，
ある仕方で「キリストたち」（Christi）と呼ばれるとも語って
いる[24]。

　このようなコレットとの出会いがエラスムスに決定的方向
転換を強いることになり，エラスムスのなかにキリスト教に
もとづく人文主義の自由論が実現し，彼の歴史的使命を大き
く果たすようになる。

　すでに 1499 年にコレットはエラスムスに聖書のいくつか
の書を解釈するよう勧めた。エラスムスはこれを断ったが，
それはこの仕事がギリシア語の知識なしには不可能であるこ
とを悟ったからだという[25]。聖書言語の基礎知識なしには聖

　20）　J. Colet, Epistolam S. Pauli ad Romanos, An Exposition of St. Paul's Epistle to the Romans, p.154
　21）　J. Colet, op., cit. p.167
　22）　J. Colet, op., cit. p.177
　23）　J. Colet, op., cit. p. 179
　24）　J. Colet, op. cit.,p. 155
　25）　Allen EP 108, 74-101。ギリシア語と少し取り組んだだけで，彼は
思い切ってパウロ書簡の注釈を試みたが，しかしすぐに諦めた。（Allen EP 181, 31-34）。

書神学に携わることはできないことを彼は直観した。ここに
人文学の重大な意義がある。彼は言う。

> ギリシア語を習得していないのに，こともあろうに救い
> の神秘を扱う神学の分野に向かうことは，狂気の沙汰で
> あるということがわたしにはわかっています[26]。

　当時，彼はすでにルーヴァン近郊のある大修道院で，ロレ
ンツオ・ヴァッラの新約聖書『注解』（Adnotationes）の写
本を発見した。この有名な人文主義者はここで，新約聖書の
かなりの部分のラテン語訳をいくつかのギリシア語写本と比
較していた。1505 年にエラスムスは，これに「前書き」を
付けて出版した[27]。文法が世俗的な学問に数えられるとして
も，それは神学に役立つことができるし，その援助は必要不
可欠なものでさえある。また，神学はもっとも高次な内容で
あるがゆえに，文法の話法に拘束されることはないと主張す
る人々に対して，エラスムスは次のような論拠でもって応戦
する。「神学だけが野蛮に語ってもよいというのなら，これ
は神学の全く新奇な特徴である」[28]と。ここでエラスムスは
新約聖書に対する文献学者の役割の意義を表明している。エ
ラスムスは全体的にみると，『反野蛮人論』の時点よりさら
に成長しおり，彼は古典文化とキリスト教との統合に意識的

26）　Allen EP 149, 2：26
27）　この前書きでエラスムスは，文献学者ではなく神学者だけがウル
ガダ聖書批判をすべきであると要求している人々に対して賛成を唱えてい
る。「聖書の翻訳というこの全作業は，もちろん明らかに文献学者の仕事で
ある。エテロがいくつかの点でモーセより知識があるとしても，おかしい
ことではない」。これは啓発的な比較である。
28）　Allen EP 182, 129-140

に取り組みはじめていた。こうして「キリスト教人文主義」という彼の思想上の特質が明瞭に自覚されるようになった。

　このようなコレットとの重要な邂逅がもたらした意義についてエラスムスの研究家フィリップスは次のように見事に叙述している。

　　エラスムスの友人たちは，彼の学問，ゆとり，人間としての常識や笑い声によって魅せられた。彼らのなかのある人たち，とりわけコレットは，エラスムス自身が気づいていなかった資質のすべてを，認めていた。エラスムスのコレット宛の手紙は，この二人の友のあいだで交された決定的な会話の残響を，明らかに伝えている。エラスムスは，コレットがこんなに若いのに，しかも博士の学位もないのに，オックスフォード大学で多数の聴衆を引きつけたパウロ書簡の講義に対して，興味をいだいたと伝えている。エラスムス自身も同様に聖書の他の部分，おそらく旧約聖書のある部分を解釈してみないかという提案に対し，彼はきっぱり「否」と答えた。エラスムスは生存中も死後も，知的に高慢であるとの非難をしばしば受けたが，この手紙は深い謙虚さをいつわらずに表明している。スコラ神学者を軽蔑している人がついにその人自身の心を捕えた神学に出合っているのだ。彼はこのような仕事を引き受けるのに必要な経験をいまだ十分に積んでいないのを自覚している。またこのような問題に対処し確信をもって聴衆の前に立つ準備ができていないことを知っている。「いまだ学んでいないものをどうしてわたしは教えることができようか」と彼は質問し返している。しかし，このような問いは〔聖書と古典研

71

究による〕溢れんばかりの光を自分のうちに導き入れることになる。彼はコレットが聖書に向かうアプローチのなかに新しい世界の幻を見たのであった。この世界では神学はもはや因襲に縛られたものでありえない。また人間の日常生活とかけ離れた主題を論じたり証明したりするのではなく，信仰自体をしるした文書を，常識と選良の学問の光のもとに直接解釈を下すのである。ここで遂いにゆらめいていた謎のかけらが落ちた。すなわち熱烈なヒューマニストのエラスムスと神学に気の向かぬ学徒エラスムスとが，一人格のなかで合体したのである。この人のライフ・ワークは一つの偉大な目的，つまりキリスト教の解釈と人間の改善に役立つ古代人の知恵の評価とを統一しながら促進するという目的をもつにいたったのである[29]。

　このようにエラスムスはコレットからキリスト教人文主義に立つ新しい聖書神学を学び，その最初の思想的な結実を『エンキリディオン』を通して発表した。
　エラスムスによる人文学の習得はこのように行われたが，同時代の好敵手であったルターの場合には人文学はどのような意味をもっていたのか。このことを次に明らかにしてみよう。

---

29)　M.M.Philips, Erasmus and Northern Renaissance, 1961 p. 43f.

V 基礎経験から思想への発展
——ルターの場合——

　人文学の課題は人間が経験したことを文字を通して表現
し，それを生（なま）の形ではなく理性によってロゴス化して，思想
とすることであった。この点はどの思想家も心がけているこ
とではあるが，一般的に言って彼らは自分の経験したことを
人文学の手法によって思想にまとめ，世界に向けて発信して
いる。その際，新しい世界を創造した思想家がどのように旧
世界から新世界を創造することができたのかということが重
要なのである。そこでヨーロッパの歴史において古代から中
世へ，中世から近代へと新しい世界を創造した思想家を研究
して，そこにどのような「創造的な主体」が見出されるかを
わたしはこれまでとりわけ重点的に追求してきた。ここでは
わたしたちに分かり易い中世から近代への転換期に大きな影
響を及ぼした思想家を先にはエラスムスによって考察してみ
たのであるが，今度はエラスムスの人文主義とは反対の対極
に立つルターを選んで，その独自な基礎経験からどのように
創造的な主体が形成されたかを解明してみたい。

　ところでルターは残念ながらアウグスティヌスのような自
伝的な作品『告白録』を残していない。僅かに「ラテン語の
全集」第一巻の序文に短い自伝的文章が残されているだけで
ある。ところがルターの著作の至るところに，新しい神学思

想を形成した基礎的な経験は分散的に語られており，基礎経験と思想との関連がそのつど明らかに表明されている。とりわけ若き日に彼が経験した基礎経験は「試練」として記録されている。これまでは一般的に，主として義認思想の形成が彼の救済体験から考察されてきたが，わたしたちはこの救済の体験以前に彼がどのような体験をもったかを，つまり救済される前に彼が何を考え，何を問題としていたのかを「試練」を通して考察し，そこから創造的な主体がどのように生まれてきたかを探求してみたい。

1　基礎経験としての試練

わたしはかつて彼の神学の根本性格を「試練を受けた良心の神学」[1]と規定したことがある。青年時代の経験を調べてみると彼は厳しい試練にいつも見舞われていた。しかも彼は極度に鋭敏な良心の人であって，さまざまな出来事に直面すると彼は普通の人よりも何倍も鋭敏に良心でそれを感得していたことが判明する。

たとえば落雷の体験など日常茶飯なことであるのに，彼にはこのことが生涯を決定する大問題となった。そのとき「聖アンナよ，助けてください。わたしは修道士になります」と口走った言葉は，炭坑夫であって父が常々頼みにしていた守護聖人アンナの名への呼びかけに過ぎなかったし，苦しいときの神頼みであった。このような言葉は誰でも，かつ，何時発しても，何も不思議でも，おかしな言葉でもない。

---

1) L.Pinomaa, Der existenzielle Charakter der Theologie Luthers, S. 8.. および，金子晴勇『ルターの人間学』第2部第2章「試練を受けた良心の神学」278-330 頁参照。

V 基礎経験から思想への発展

では，こうした一般的な経験が彼の神学思想の形成にどんな影響を残したのか。この経験はもちろん予期しないで，突如として彼を襲ったもので，彼がそれを「死の試練」として理解した点が重要である。そのことがもっている重要さは『卓上語録』の中に残されている彼の次の言葉に実によく示されている。

> わたしは自分の神学を突然に学んだのではなく，ますます深く追求しなければならなかったのであるが，そうするようにわたしを導いたのは，わたしの受けた試練であった。なぜなら，悪魔の陰謀と試練の外では，聖書は決して理解されえないから。　　　　　（WA.Tr.1, 352）

同様に『第2回詩編講義』において彼は次のように語っている。

> 生きること，否，死ぬこと，また断罪されることによってわたしたちは神学者となるのであって，理解したり，読書したり，思弁に耽ったりすることによるのではない。　　　　　　　　　　　　　　（WA. 5, 63, 28-29）

試練というのは神との関係が外から来るもろもろの力によってさまざまに試みられる経験であって，苦難とほぼ同義語である。この苦難をどのように受容するかに彼の思想は集中している。「各人各様の試練をうけている」（WA 40, I, 101）とあるように，試練は苦難と同様にそれを受けない人がだれもいないような日常的な経験であっても，その受けた内容よりも，苦難を受容する側の態度のなかに，はじめて試

75

練がもたらす積極的意義が認められる。こうして人間的には
つらく，全く嫌な経験であっても，そこには一見すると否定
的な意味しかないような試練や苦難が驚くべき意義を発揮す
るのは，これによって人間の全体が震撼され，これまでの生
き方が崩壊し，そこから全面的な方向転換が生みだされるか
らである。ここに転換と新生への道が拓かれてくる。

　ルターの場合の「試練」（Anfechtung, tentatio）の特質
は，一般に考えられているような「誘惑」（Versuchung,
temptatio）といった内発的な性格をもたないで，むしろ外側
から内心を脅かし，恐怖と戦慄，絶望と死をもって攻撃して
彼を破滅させる外発性に求められる。一つの例をゲーテの
『ファウスト』からとってみよう。この作品に登場する悪魔
のメフィストフェレスはファウストの内なる欲望を刺激して
誘惑するが，責任はどこまでもファウスト自身にあるように
誘う。したがってこの試練はファウストの内心から出たもの
で，悪魔は人を拐かす誘惑者にすぎない。ところがメフィス
トフェレスはファウストの恋愛の相手であるグレーチェンを
誘惑できない。清純な乙女は悪魔が侵入する隙を与えないか
らである。彼女はただその愛人ファウストの愛に誘われて初
めて罪に陥るため，この苦難は彼女にとって外から襲ってき
て破滅させる試練となった。

　このような外発的な攻撃性がルターの経験している試練の
特質であり，誠心誠意を尽くして真実の歩みをしている者が
突如として襲われる試練は，旧約聖書のヨブと同じ経験で
あって，人間的生の可能性を一方的に絶滅させるため，これ
を克服する力を人は自己の外に，しかも永遠者への信仰に求
めざるを得ない。ルターはこの試練の経験の中に神の働きか
けを見ており，これに注目するようにわたしたちを導いてい

76

る[2]。

　いつ頃からルターがこういう経験に陥っていたかは明らか
でないが，初期ルターの研究者ベーマーは彼の修道院入りの
動機となった落雷の経験には，その当時彼に重くのしかかっ
ていた「憂愁の試練」(tentatio tristitiae) が潜んでいて，それ
が落雷という突発的な出来事を契機として一挙に結晶したと
捉えた[3]。この経験は 1505 年 7 月シュトッテルンハイム近郊
で彼が稲妻をともなった激しい雷雨に打たれた「死の経験」
であって，その詳しい有様をルター自身『卓上語録』で語っ
ているが，彼は『修道の誓願について』の序文でこの死の経
験を回顧して父に語っている言葉が重要である。そのなかで
次のように語られている。

　　　わたしは好んでまた憧れからではなく，突然に死の恐怖
　　　と苦悶にとりかこまれて，自発的でない強制的な誓約を
　　　立てた。　　　　　　　　　　　　　　　　　　　（WA. 8, 573）

　ここに示されているようにルターの宗教生活の発端は死の

　2）　この試練という言葉にはバイントカーの研究によると，次の三様
の意味がある。① 外部から攻撃する力が作用する手段となる。ここでは
試練は「攻撃」（oppugnatio）を意味する。② その力が内的に良心におけ
る憂愁・不安・絶望として感じとられる「経験」（Erfahrung）ともなり，
③ 神と人との間の「戦い」（pugna）の意味が含まれる（Beintker,H., Die
Uberwindung der Anfechtung bei Juther, 1945, S.66 参照）。したがって試練は
良心に対する神の直接的な干渉であって，そのために起こってくる良心の
危機は聖にして尊厳にいます神と人間とを隔てる深淵，人間が行為や功績
をもって埋めることができない神と人との絶対的な距離の感得であって，
オットーの言葉を援用すれば所謂「ヌーメン的なもの」の反発的な要素で
ある「戦慄すべきもの」（tremendum）が実によく表現されている。
　3）　H. Boehmer, Der junge Luther.1925, S. 46. この主張はコーブルグか
らのルターの手紙（1530）から立証できる。

恐怖であって，この問題は修道院に入ってからも変わること
なく，次第に彼自身の内的危機として深まっていった。死は
単なる身体的な自然死を越えて，罪の意識と密接に関係した
ものと理解されるようになった。こうして死は生きる意味の
喪失という霊的な意味をもつようになった。こうした背景が
あって，ここで死は「死の恐怖と苦悶」となって彼を圧倒し
た[4]。

2　基礎経験から思想へ

　このような試練は神の義の発見という救済体験を経て，彼
の神学思想として表明されようになった。それは「試練を受
けた良心の神学」として『ガラテヤ書講義』（1531 年）で完
成された姿をもって結晶するに至る。その際，試練はそれ自
体としては消極的な内容であっても，福音を求める重要な契
機となった点が重要である。つまり自己の悲惨な状態を超越
しようとする欲求がそこから生まれたのであるから，「試練」
は自己の悲惨な現状を乗り越える「超越」に属することが明
確に表明されるに至った。
　この『ガラテヤ書講義』にはこうした深刻な体験が至ると
ころに表明されており，それに福音がどのように関わってい

---

　4)　ここで青年と死との関連について考えてみたい。青年時代は自我
と社会との関係でアイデンティティの危機に見舞われる場合が多く，社会
から切り離された孤独な自我は荒野をさまよっているときとか，人が寝静
まった深夜ともなると，周囲世界との関係から切断されて，時間・空間の
意識が狭まっていき，ついには底なき無の深淵に引きずり込まれる。こう
いう経験はルターの「死の恐怖と苦悶」に通じているように思われる。世
界が狭くなって息もできなくなると，この「狭さ」から「不安」(angustia)
が醸成されてくる。

るかが，生と死を賭けた戦いの記録として残された。とくに
レーラーの手になる講義の筆記録には至るところで過去の体
験とともに痛切な呻き声が発せられる[5]。そこにはルターの
信仰の原風景と成熟期における彼の神学の特質とがきわめて
明瞭に表現され，「ルターの教授活動の頂点」を示す講義と
なっている[6]。

　したがってこの講義ではキリスト教の教義の中心思想であ
る「律法と福音」が，キリスト教の救済論の根本問題として
取り上げられ，なかでも「神の義」が行為による能動的義で
はなく，信仰によって受け入れる「受動的な義」であること
が冒頭の「序文」から強調される。ここにルター神学の核心
が表明され，それを正しく理解する道が示される。その際，
彼が自ら親しく経験した修道院での体験や政治的な弾圧や教
皇の迫害などの，さまざまな「試練」が取り上げられ，教義
と生活の問題が絶えず考察される。このような問題を通して
ルターの神学思想が詳しく叙述され，見事な成果をもたらし
たので，わたしたちはこれによって彼の神学思想の特質をよ
く理解することができる。

　ルターの試練は本質的に「霊的試練」であって，アウグス
ティヌスが青年時代に経験した「身体的試練」よりも深い領域
の良心において経験されている。この特質が初期の著作から
この著作『ガラテヤ書講義』に至るまで試練を受けた良心論
として辿ることによって，彼の神学が「試練を受けた良心の

---

　5)　筆記の部分の重要性に関してストロール『ルター　生涯と思
想』波木居斉二訳，新教出版社，67頁とM. Brecht, Martin Luther, Bd. 2 ,
Ordnung und Abgrenzung der Reformation 1521-1532, 1986, S.437. を参照。
　6)　M. Brecht, op. cit., S.434.

神学」であることが判明する[7]。

3　ルターの創造的精神

　わたしたちは終わりにこうした試練の経験から「創造的な主体」がルターのもとでどのように形成されたのかを考察してみたい。思想の形成は思想家の基礎経験から求めることができるが，このような基礎経験に含まれる二つの構成要素がルターの思想世界を形成する。つまり

(1)　始源的な体験＝神の怒り――罪
(2)　救済の体験＝神の恩恵――信仰

この二系列がまず深淵的に分離されたままで提示され，この両者がその分離の上に立ってキリストによって結合される。
　次に体験の主体について考えるならば，始源的体験は原罪を担ったままの古い人である自然的な人間の神に対する関係を示しており，この体験において神は人間の自然本性にもとづくすべての主体性を破壊するものとして現われる。これを彼は対立的作用関係と呼ぶ[8]。つまり，神は破壊という対立の相のもとに働き，人間を絶望させ，ただ信仰によってのみ認識させる「隠れたる神」として現われる。それゆえ福音に

---

7)　金子晴勇『ルターの人間学』の第 2 部「ルターの人間学における良心概念の研究」第五章「『ガラテヤ書講義』における良心と試練の意義」を参照。
8)　WA. 56, 387, 3ff. E. Seeberg はこれをルター理解の根本概念として採用した。

よる救済体験と結びつかないなら，人間は絶望・神嫌悪・瀆神というニヒリズムに終息してしまう[9]。

　それゆえ始源的体験は信仰以前と以後とに「経験の線」を引き，信仰は人間の本性には本質的に隠されたものと関わるようになる[10]。こうしてこの体験は信仰が生起するように導くのであるが，それをルターは「信仰に場所が与えられる」という独特な表現で言い表わす。それは「信仰を訓練する場所」であって，ここから信仰の内的な構造と運動が明らかとなる。たとえば「信仰は否定的本質である神のうちに存在の場所を所有する」と言われる（WA. 56, 392, 33f.）。

　そこで次に「否定的本質である神」について考えてみたい。始源的な経験においてルターは死の試練に襲われていた。そこでは神自身は恩恵を纏わない戦慄すべき姿で感得され，彼は絶望の淵に沈められた。ここに神は怒りの相貌をもって彼に現われ，神の恩恵の啓示者キリストさえもその受苦と卑賤な姿で立ち現われてきて，キリストが受肉においてもなお隠されていることになる。だが，こうした始源的な体験の意味は，否定の神に接することによって人間を「純粋な受容者」とする点に求められる。

　その際，彼は不思議なことにこの試練に遭遇した人は怒っている神自身のところへ逃れるべきであると言う。「もし誰かがこのような悪しき事態によって苦しめられるとしたら，怒りたもう神自身のところにのみ逃れるべきであると詩編

　9）　WA. 18, 719：「わたし自身一再ならずこのもっとも深い絶望の深淵に落ちた。そのためこの絶望がいかに有益であり，恩恵に近いかを経験するまでは生まれなかったことを願ったほどであった」。
　10）　W. von Loewenich Thologia crucis, S.144.「信仰に場所が与えられるために，信じられるすべてのものは隠されなければならない」（CL. 3, 124, 16ff.）。

〔第6編〕は教えている」（WA. 5, 204)。こういう試みは理解するのにきわめて困難で，望み得ないのに敢えて望むことに似ており，心は人間的には全く不可能なことを企てるように感じる。ルターはこの企てを「神に敵対して神に逃れる」と表現した（WA. 5, 204, 21ff.)。つまり怒りの神に反抗して恩恵の神に逃れるのだと言う。したがって怒りの相貌の真直中に恵みの姿を把握するようにと彼は説くのだが，これが実は人格的な関係における信頼としての信仰を生み出すのであって，このような信仰はキリストの受難の「省察」から解明することができる[11]。なぜなら彼は『キリストの聖なる受難の省察についての説教』のなかで次のように語っているから。

　　まずキリストの受難を見ずに，（なぜなら今やその受難
　　のわざはなされ，あなたを戦慄させたから）そこを突き
　　抜けて，あなたに対し愛に満つる彼の好意ある心を見る
　　ように，あなたを向けることができる。キリストの愛は
　　あなたの良心とあなたの罪とをこのような苦痛をもって
　　担いたもうように自身を強いたのである。だから，あな
　　たの心は彼に対して甘美になり，信仰の確信が強められ
　　る。　　　　　　　　　　　　　　　　　　　（WA. 2, 140)

　試練の中にある人はこのようにキリストの受難の姿を省察し，神の怒りがキリストを通して恩恵へと転換していること

---

11)　オットーはこの省察を重視し，ヴィクトリヌスの神秘主義に由来する cognituo-meditatio-contmplatio の伝統の影響を説いている（Sünde und Urschuld, S.178)。この省察の意味について金子晴勇『ルターとドイツ神秘主義』創文社，144 頁以下を参照。

を認識しなければならない。「この省察は人間を根本的に変える」（WA. 2, 139）とあるように，この省察によって試練の絶望的状況のなかで破滅しないで神の真の姿を見抜く信仰に人は達することができる。これをルターは「信仰の偉大な技術と怜悧」と呼び，次のように述べている。

　　むしろ彼はそれら一切に対決し，かつ，それらを超えて自らを高め，こんなにも不快なる光景を貫いて，神の父らしい心を見，このように曇り，かつ，厚くふくれあがった真暗な雷雲を貫いて，太陽を見抜くことをあえて行なう。これはあらゆる技術にまさる技術であり，ただひとえに聖霊のわざである。なぜなら，この技術は生まれながらの人間の本性には不可能なことであるから。（WA. 31, I, 93）

　この技術は死から生へと転換させる「良い翻訳者」とか，また「強力な駁論」とも呼ばれており，「この技術は聖霊と神の右手〔恩恵〕が教えるのでなければならない」と語られている。ここに神の教育が試練において実行され，聖霊によって信仰にまで導くことが示される。
　この省察から次のような三つの転換が起こってくる。
(1)　まず神の怒りの支配から神の恩恵の支配への転換が起こる。それは神の人間に対する関係，したがって律法の支配か，それとも恩恵の支配かという，支配形態の転換が基本的な軸となっている。
(2)　そこには同時に人間の神に対する態度の転換が生じている。
(3)　この省察は人間を根本的に変えることによって，「信

83

仰と信頼が生じ，人間は神において真に新しく生まれる」(ibid.,159, 37f) と言われる。したがって不信という罪から信頼としての信仰への内的な心の転換が起こり，始源的体験の徹底的な否定を経過した肯定に到達し，信仰がその本質において「信頼」(fiducia, Vertrauen) という「心の信仰」(Herzensglaube) であることが理解される。こういう信仰はルターの心に生命と力と喜びを，つまり自由を豊にもたらしたのである。

このような信仰が新しい世界を創り出す「創造的主体」を形成するのである。

4　宗教改革の社会的生産性

このようなルターの信仰から生まれた「創造的主体」が近代世界を生み出す力をどのように発揮したのであろうか。この点をルターの人間観から考察し，エルンスト・トレルチ（Ernst, Troeltsch, 1865-1932）の言う「社会学的生産性」について考えてみたい。

このようなルターの人間観は『キリスト者の自由』に最も明瞭に提示されている。彼はキリスト教的人間は「自由な君主」と「奉仕する僕」つまり「主人」と「奴隷」という矛盾的に対立する生き方をとるとみなした。この矛盾は人間の二重の本性たる魂と身体にもとづいて考察され，魂が信仰によって自由を得，身体を通して愛の奉仕を行なうという観点から論じられる。そして結論のところで「キリスト教的人間は自分自身においてもはや生きないで，キリストにおいては信仰を通して，隣人においては愛を通して生きる」ことが強

調される。この自由は「自分自身において生きない」という自己愛からの解放によって成立し，「あたかも天が高く地を超えているように，高くあらゆる他の自由にまさっている自由なのである」[12]と説かれた。そしてこのように信仰によって自由の高みに昇ったキリスト者は，僕として愛の奉仕にいそしむ。自由の高さから愛の低さに下るこの落差こそ信仰の力である。このような信仰の力に「社会学的生産性」があるとトレルチは考える[13]。

　先に考察した職業観に示されている宗教的現世肯定は，中世を支配していた超自然的な聖なる世界の全面的崩壊を引き起こし，「世界・内・敬虔」という基本姿勢が確立される。しがし聖なる世界は，もはや教会や修道院といった特別の聖域にあるのではなく，人間の心の内面に信仰とともに移された。こうして聖なるものが世俗のなかに愛を通して深く浸透し，俗を内側から生かすことになった。そこから聖と俗とが二元論的に上下に分けられたうえで，階層的に統一されていた中世的な社会の構図が近代に至ると崩壊し，聖が俗のなかに侵入し，俗を通して新たな世界を形成するようになった。ここにトレルチが力説する宗教改革の社会的な生産性が洞察されなければならない。

　しかしながら近代がさらに進むと，俗が聖を排除し，退けるようになった。そのとき初めて「科学革命」（Scientific Revolution）とか「聖俗革命」とか言われる事態が成立す

---

　12)　M・ルター『キリスト者の自由／聖書への序言』石原謙訳，岩波文庫，1955年，47頁。
　13)　E・トレルチ『ルネサンスと宗教改革』内田芳明訳，岩波文庫，1959年，41-43頁。

る[14]。それは一般に「世俗化」と言われている。これは近代
の初めでは信仰の行為として生じたものであり，やがて信仰
の生命が失われると，世俗化は「世俗主義」に変貌してい
く[15]。聖俗革命は俗が聖を追放し，その帰結が俗の自己破壊
を引き起こしている。本来の聖俗革命はこの俗をも真に生か
す聖の内在化が行われなければならない。

　宗教改革は宗教上の教義の改革を意図したものであった。
この改革の精神のなかに合理性が潜在的に含まれており，信
仰によって個人を内面的に強固にしただけでなく，職業を天
職とみなすことにより，世俗の生活に新しいエートスを生み
だすとともに，生産の合理化によって近代社会を形成する力
の源泉ともなった。

　その際，ヴェーバーの合理化の視点が参考になる。彼は，
プロテスタンティズム，とくにカルヴァン派のピューリタン
において個人的な内面化が進んでいき，ルター派では十分に
徹底されなかった教会や聖礼典による救済を完全に廃棄した
点にカトリシズムとの決定的な相違点を捉え，そこに彼の言
う「呪術からの解放」が完成されていると説いた[16]。

　こうした呪術からの解放が宗教史における合理化の過程で
あるとしたら，人文主義者エラスムスの戦いはその先駆とし
て意義あるものであったと言えよう。ところが，エラスムス
に欠けていたのはヴェーバーが力説した禁欲的精神であっ
た。信仰による現世の否定こそ，ピューリタン的であり，宗

---

14)　H・バターフィールド『近代科学の誕生』上・下，渡辺正雄訳，
講談社学術文庫，1978 年，および村上陽一郎『近代科学と聖俗革命』新曜
社，1976 年，3-26 頁参照。

15)　詳しくは，金子晴勇『近代人の宿命とキリスト教――世俗化の人
間学的考察』聖学院大学出版会，2001 年参照。

16)　ヴェーバー，前掲訳書，157 頁。

教的エートスが生まれる土壌である，と彼は考えた。ここで
明らかなことは，人文主義ではなく宗教改革において，新し
く社会を形成するエートスが育まれたということである。

　このような基礎的な経験からルターの新しい神学思想は誕
生してきており，新しい近代社会を創造する運動が起こって
きたのである。

Ⅵ　テクストとの対話
――知恵は聞くことにある――

　わたしたちは「人文学をどう学ぶか」を人文学の創始者エラスムスとその敵対者ルターからこれまで考察してきた。今度はわたしたちが人文学の作品から直接どのように学ぶべきかを考えてみたい。

　その際，もっとも重要なことは人文学の作品にわたしたちが対話的に関与することである。対話は語ることと聞くことによって成立しており，両者は対立もしていないし，分離もしていない。対話とは他者に聞いて語ることであり，聞いてもらえることを願って語りかけながら，同時に相手の応答を呼び起こす行為なのである。

　学校教育は個々の教科が扱っている対象をめぐってこのような対話によって理解を促進させてゆくことから成立している。しかし，このような理想的な対話を教師と生徒との間に実行することはとても困難であろう。対話は語り合う双方が精神的に成熟していないと実現しない。たとえば教師が未熟であると，教える教科内容のことばかり注意していて，生徒や学生が目の前にいることを忘れてしまう。教卓の上に広げたノートばかり見ていて，学生の顔をすこしも見ていない教師を大学でよく見かけるが，よほど学生の方が成熟しており，忍耐力がないと，だれもこのような教師から学ぶことが

できない。

　ところが教師の教育姿勢ばかりではない，実はそのノートの内容も問題なのだ。学者ファウストの衣装を身に付けた悪魔のメフィストフェレスは学生に向かって次のように語っている。

　　毎日5時間，講義を聴く。
　　鐘が鳴ったとたんに講堂にはいっている。
　　あらかじめよく調べておいて，
　　一節一節を頭に入れておけば，
　　教師が，本にあることのほかはなんにも言わんということが，
　　あとでいっそうよくわかる。
　　しかし筆記は大いに熱心にやらねばならん。
　　聖霊が君に口授していると思ってな。　　（手塚富雄訳）

　実に痛烈な皮肉である。ノートばかり見ている教師にこそこのような皮肉はよく当てはまるといえよう。しかし，教師が本に書かれたことのほか何も知っていないという悪魔の発言は，実は学校の授業の真の意味と面白さを彼が経験していないことを暴露している。確かに知識も客観的に整理されてくると，教科書や著書に組織的に集成されており，客観的な知識を習得することが学校教育の主たる目的となった。しかし，教育の仕事はこの客観化された知識を，学習する主体に可能なかぎり近づけて，理解するように促す無限の努力から成り立っており，教師は生徒や学生の立場に身を置き，それを理解できるように身をもって学習の手本を示さねばならない。ここに教師の優れた能力が発揮され，こうして授業が生

き生きとしたものとなってくる。教科書や著書の内容が客観
的な知識から成っており，真面目なものであるのに対して，
教師が示す知識への主体的関与または情熱的な経験談は，異
常なほどの興味と面白さを聞く者の心にかき立てる。した
がって知識を軽蔑している横着者のメフィストフェレスには
このような学習の喜びが全く理解できない。

　ところで対話的な教師は，自己の語りを聞いている聴者，
つまり学生との関係をたえず考えながら語ることの重要さと
聞くことの意義をよく知っているはずである。そこで「語る
こと」を対話に導く「聞くこと」の意義がここで反省されな
ければならない。

　教師の仕事は，外から観察するなら「語ること」に他なら
ないが，もしわたしたちがこの語る仕事を内側から把握する
と，その内実は「対話」であり，対話は「語ること」に先
立って他者の語るところに耳を傾ける「聞くこと」から開始
していることが直ちに理解されよう。真に対話する者は心を
こめて他者に聞く者である。今日では教育関係の崩壊が大学
紛争にはじまり，高校と中学で頻発する「いじめ」を経て，
小学校にまで波及していった。このような荒廃の進行を憂慮
する多くの声が聞かれ，時に速断的に「対話」の無意義さえ
も叫ばれたりする暴挙を目にするとき，教育制度や授業内容
の改善のみならず，わたしたちにとって永遠の課題である教
師自身の教育姿勢を反省することのほうが大切ではないかと
わたしには思われる。そして教育はモノローグ的に語る仕事
から対話へ向かい，対話のなかでもとくに聞く姿勢が今日と
くに反省されなければならないであろう。

　昔から「貧者の一燈」という言葉がよく使われている。荒
廃が忍び込んでいる教育の世界に対してわたしたちは，いま

や「聴聞者」，つまり聴いて聞くことに徹底した聴者の一声を発する時に至っているのではなかろうか。そこでわたし自身の教師生活50年余の経験を反省し，教師が身につけるべき聴くことの意義について考えてみたい。

1　精神の老化現象

　聞くことができないというのは精神の老化現象であるといえよう。老化というのは，もちろん精神と身体との能力が衰えるという現象であって，誰しもこれは避けられない。だがそれは精神の働きについて言えば，過去が現在に侵入して，現在の可能性を抑圧し，将来に対して絶望的にさせ，現在の状況に創造的に関与することができないことを意味する。子供や青年は未来への希望と憧れが強く，現在をあまり考えないのに対し，老人は過去のみを顧みて現在をすこしも見ない。教師の老化現象にはこれらに加えて顕著になっている事実は，いつの間にか自ら学ぶ態度を喪失していることが加わる。過去に習得した知識をただ教えるだけとなった場合，その老化はもう致命的なものである。というのも，過去に学んだ事柄は各人にとって尊いものに違いないが，真理は不断に学び直されないなら，恐ろしい独断的な教条主義に転落し，既得の知識は死んだ生命のないものになってしまうからである。また対話的に教えるとは真理に対する主体的関わりを生徒に自ら示すことにもなる。だから修得済みの知識も，そのつど，生きた情熱的な関わりによって息を吹き返し，再生されて初めて教師と生徒との間に真理として誕生するのである。そこには教師自体がたえず学ぶ態度が，したがって真理に耳を傾けて聴き続ける柔軟でしなやかな，つまり若々しい

精神が不可欠なのである。

2　知恵は聞くことにある

　ところで他者に聞かない頑固な精神は，自己のうちに悲劇を招き寄せているのではなかろうか。このことを示す古典的な例がソポクレスの『アンティゴネー』に登場するクレオンの悲劇である。息子のハイモンが父に対して，他の人々の意見に耳を傾けるように，子としての礼を尽くして心から忠告しても，クレオンは頑迷にも自己主張に徹して聞き入れようとしない。息子は父に言う，「あなたは何かを言い張りたがり，しかも言うことだけで，聞こうとはしない人ですね」と。他者に聞くことをしない人の言論は自己主張欲に由来する大言壮語となり，自己を絶対視する無思慮から悲劇を自らのうちに醸成してしまう。こうして語られる，あの懺悔の言葉，「ああ思慮のたりない心の過誤，頑な，死をもたらした過誤だった」がクレオンから発せられる。この哀歌はまことに痛ましい。自己を絶対視して神のように高慢に生きることの悲惨さを自覚して，人間らしく他者の言葉に耳を傾け，対話的に生きることが，人間らしい思慮分別に他ならない。

　このような聞く態度の重要性を力説しているのはギリシア精神だけではなく，宗教的なヘブライ精神も人間を神の言葉を聞く存在として把握している。それによると世界と同様に人間も被造物であるが，神は人間を神に向けて関わるべき存在として，つまり「神の像」として創っている点で，人間は他の被造物に優っている。神は人間に語りかけ，その考えを伝える。だから人間一人ひとりに「あなた」といって呼びかけている。信仰はこれに応答して神に聞き従うことである。

つまり神は人格的な汝関係へと人間を招いている。信仰はこの呼びかけを聴いて従うこと，つまり聴従に他ならない。まことに人格的な神だけが人間に呼びかけ，人格的に応答させることができるのである。こうして神は「わたしはあなたの名を呼んだ。あなたはわたしのものである」（イザヤ43・1）と言う。イスラエルの宗教は，神に対する人間の信仰を，このように語りかける言葉を聴くことに置いている。それゆえ，イエスも神の語りかけに心を開いて，全身全霊をもってそれに聴従すべきを説いて，「だから，どう聞くかに注意するがよい」（ルカ8・18）と警告する。すなわち，神の言葉を「聞き違えてはいけない」，したがって自己流に都合のよいように歪（ゆが）めてはいけないと告げる。パウロはいっそう明瞭に「信仰は聞くによる」（ローマ10・17）と言い，他者に関わる人格的態度である信仰の基本は，他者の語りかけを聞くことにあると説いている。

3　聞く二つの態度，承認と受容

　このように古代の知恵は「聞くこと」に人間としての思慮を見，神と他者に対する人格的な対話的態度のうちに信仰の第一の要素を見いだした。その際，他者の言葉を聞くというのは，単に言葉を聞くこと以上の人格的関わりが意味されていた。聞くというのは他者との人格的な関係に入ること，その言うところを受容し，共に生き続ける態度を含意する。ここでいう他者を受容する態度のなかには自分の生き方の変化が当然起こって来る。それゆえ自分の生き方がすこしも変化しないで単に聞くだけでは「聞きおく」という態度となり，他者の発言や主張を単に承認するだけとなる。他人の言うと

ころを一応聞くというのであれば，他者の意見や主張を尊重するといっても，それを単に承認しているのであって，決して自己のうちに受容しているのではない。もちろん「承認」も大切な行為であり，日常生活は各人の主体性と価値観をたがいに承認し合うことから成り立っていても，若い人たちの激しい自己主張——彼らは一般的に言っていまだ主体的に自律し得ず，そのため他者に受容を強く迫らざるを得ない——に対し，単に「聞きおく」というのでは余り意味がないように思われる。こういう聞く態度は，単に聞くだけで受容しないため，他者を回避し，他人から逃走してしまい，相手に心を開いて迎い入れる受容的態度とはいえない。受容の態度には相手の語った言葉のみならず，言葉を発している人格に積極的に関わってゆく関係行為が見られるのであって，たとえ言葉になっていなくとも，また頑に心を閉ざしていても，なおそこに人格の発する心の囁きをも深く聴きとる働きがあるといえよう。わたしがここでとくに問題にしたいのは，この相手の心の深みに耳を傾けて聴くという精神なのである。

４　聞くことから和解が生じる

　次にこのように聞く態度がすぐれた和解をもたらすことを考えてみたい。友人や家族の間で仲違いや不和が生じている場合，よく耳にするのは「あの人はわたしの言うことを聞いてくれない」という不満である。この不満は対立している双方が同時にいだくことが多い。そしてたいていの場合，双方ともに依怙地になって，両者の関係がますます悪化してゆく。ところが，どちらかが自己主張をやめ，相手の言い分を聞こうという態度をとるならば，そこには和解が成立する可

能性が開かれてくる。この可能性をよく表わしている一例として志賀直哉の『和解』をとりあげて考えてみたい。

　この作品は，生活体験をそのままに語る，私小説風に父子の相剋を物語る。志賀直哉が青年時代に足尾銅山鉱毒事件で農民に同情を寄せたことがあった。そのさい父は，志賀家と縁故の深かった銅山経営者の古河市兵衛と対立することを危惧し，直哉が農民に同情することに反対した。また家のお手伝いさんとの結婚が許されなかったことも加わって，彼は父と不和になり，家を出ていった。この小説では仲違いになった父子がいかに和解に達したかが物語られており，表面的には主人公の子供の方が精神的にも成熟し，また自ら子供をもったことによって父としての自覚をもち，同時に自分の父の立場をも理解できるようになり，「妙にひねくれる」ことをやめ，他者と調和的に生きる心をもって父とも和解に達したことが描かれる。

　しかし，この作品の中で「聞くこと」がどのような働きをなし，とくに和解作用で聴聞がどのような力を発揮しているかということに，わたしたちは深い関心を寄せざるを得ない。この小説では主人公・傾吉の「父」は子と話をしたいと思い，子を訪ねているのに，「子」の方が会おうとしない。しかし，その後も子は自分を育ててくれた祖母に会いたいために，父の家に出入りするのであった。父の方は子の父に対する一方的拒否という態度をそのままにしておくわけには行かず，「きまり」をつけたいと考える。だが，子供の方はあえて自分は悪くなかったと主張して，父子関係をいっそう悪化させてしまう。母は子に「ひと言でいいから，眼をつぶって，これまでの事はわたしが悪うございましたとお詫びして下きい」と懇願するが，子は「然し今の結果についてはわた

95

しは止むを得ない事で，後悔も出来ない事と思っているのです」と言い返していた。こうして父子の間には「広い堀」ができて，これを飛び越すのはとても困難であった。だが，主人公は父との対話から何か予期する以上のものが生じることを予感して，母に向かって次のように語った。

　　然しともかくお会いして見ます。それは大部分感情の上の事ですもの，予定して行ったところでその通り運ばす事は出来ませんし，それはお会いした上でわたしの気持もなだらかに今わたしが思っている以上に進まないとはかぎりません。

　志賀直哉は「なだらか」な調和的気分の働きをこの文章で強調しているが，わたしは「予定」と「今わたしが思っている以上に」というところに注目したい。というのも対話の中で生起している固有の事態は，実はここに述べられている予想を超える出来事であり，しかも対話の哲学者ブーバーが言うように，日常生活で生じる可能性を超えた「生の著しい高揚」の下に「ひとつのより以上」が見られるからである。そして事実父子の対話の中でこれが起こっている。父子の対話における最初の場面は次のように描かれている。

　　書斎の戸は開いていた。自分は机の前の椅子を此方向きにして腰掛けている父の穏かな顔を見た。父は，その「椅子を」……と窓際に並べた椅子へ顔を向けながら，自分の前の床を指した。自分は椅子を其所へ持って行って向い合って腰かけた。そして黙っていた。お前のいう事から聴こうと父は言った。

　この場面の初めにある叙述は実に優れている。「書斎の戸は開いていた」とあるように，父は心を開いて子を待っている。しかも「穏かな顔」をして。そして椅子をすすめる。子の方は黙って腰かけ相手に聞く姿勢をとっている。この「黙っていた」はなかば過去の拒否の継続を，なかば将来の飛躍に向かう一瞬の静けさを示している。自己が沈黙しないなら，相手の声は聞えない。この沈黙に向けた父の語りかけは，相手の言うことを聞こうとする対話の精神から出ている。父は「お前の言う事から聴こう」と言う。ここに聴こうとする精神が和解を導きだしている。この父の態度は新約聖書に物語られている放蕩息子を迎え入れた父に近いといえよう。しかも先ず不和となった相手の言い分を聴こうとしている。続く対話は子の「宛然怒っているかのような調子」の言葉をも「うむ」とうなずいて聴き続ける父の態度に支えられて進行してゆく。そこから予想外のことが生じる。聴き終ってから父は次のように語る。

　　「よろしい。それで？　お前の云う意味はお祖母さんが御丈夫な内だけの話か，それとも永久にの心算で云っているのか」と父が云った。「それは今お父さんにお会いするまでは永久にの気ではありませんでした。お祖母さんが御丈夫な間だけ自由に出入りを許して頂ければよかったんです。然しそれ以上の事が真から望めるなら理想的な事です」と自分は云いながら一寸泣きかかったが我慢した。「そうか」と父が云った。父は口を堅く結んで眼に涙を溜めていた。……こんな事を云っている内に父は泣き出した。自分も泣き出した。二人はもう何も云わなかった。

　予想外の事というのは主人公が願っていて口にしなかった理想の事が実現したということである。それは対話のなかに生じている飛躍であり，無意識のうちに願望していたことなのである。「それ以上の事」と主人公が言っているのは，祖母の死を超えていつまでも父と交際するという意味であるが，実はこの小説の終わりに確認されているように，人格的な心の触れ合いを意味しているのである。そこに父子関係の永遠の意味が発見されている。そのことはプラットフォームで父と別れるときに次のように自覚されるに至った。

　　すると突然父の眼には或る表情が現われた。それが自分の求めているものだった。意識せずに求めていたものだった。自分は心と心の触れ合う快感と亢奮とで益々顰め面とも泣き面ともつかぬ顔をした。……自分は父との和解も今度こそ決して破れる事はないと思った。自分は今は心から父に対し愛惜を感じていた。そして過去の様々な悪い感情が総てその中に溶け込んで行くのを自分は感じた。

　このように人格の次元において和解が成立することにより，真の和解が実現したのである。しかし，ここに達するためには，父子双方の人格の成熟が不可欠の前提となっている。そして聴く精神こそ人格の成熟を示しているといえよう。
　今日の社会では家庭の崩壊が恐ろしいほどの深部にまで達している。そこから必然的に生じることであるが，その犠牲となるのは子供であり，親子関係のなかで人格の世界へと招き入れられることがない。家庭における心の交わりの不満を

98

子供は仲間世界によって解消しようとするが，自分の欲求を
正しく導くことを知らないため，非行に走る傾向に陥らざる
を得ない。それが学校のなかで集団的に発生する場合には教
育関係の崩壊を来すことになる。教育の現場に押し寄せてい
る崩壊のうねりは話し合いの無視，暴力という直接行動，人
目に立つ服装や仮の所有物による自己表現，性的放縦となっ
て現われている。人格としての出会いがないために鬱積した
不満がこうした形で噴出しているのである。教師はこのよう
な現象の背景にある心の不満を聴きとり，生徒や学生が真の
自己と成るように援助する任務を授けられているのではなか
ろうか。

5　テキクトとの対話

　このような対話の出来事は多くの人生物語で起こっている
が，どの場合でも対話における真に偉大な出来事は何よりも
まず心を開いて他者の言葉に耳を傾ける聴く精神によって生
じる。志賀直也の『和解』では真の和解が「心と心が触れ合
う」という人格の次元で起こったということであった。確か
にそのような邂逅（かいこう）の出来事は稀かも知れないが，人生に一大
転機を起こすことは否定しがたい事実なのである。オースト
リアの詩人ホフマンスタールは言う。

　　心と心との間に起る
　　邂逅の外にあるものは
　　すべて空しい。

ところで，わたしたちのあいだでは一般にはこの心の交わ

りについての理解さえも見あたらず，たいていの場合は，多くの失敗を通して僅かに垣間見られているにすぎない。ところが古代末期の哲学者アウグスティヌスは，自分の青年時代の苦しい生活体験からこの点を次のように述べている。

> わたしを喜ばせたのは，愛し愛されることでなくて何であったろう。しかし，わたしは，心から心へという節度を守らずに，友情の明るい道からふみ出した。汚らわしい肉の情欲と，思春期の泡立つ滝口から霧がわき出て，わたしの心を蔽いかくし，わたしは愛の明るい輝きと肉欲の暗い曇りとを見分けることができなかった。そしてこれら二つのものが相乱れてわたしの心中に湧きおこり，若年のわたしを引きさらって，欲望の淵につきおとし，あなた〔神〕の怒りは重くのしかかっていたが，わたしは気付かなかった[1]。

ここで注目すべき点は，心と心との触れ合いが，さまざまな愛の情念によって蔽われ，曇らされ，かき消されているということである。若い人たちはとくにこの情念の嵐によってほんろうされ，手がつけられないほど心が荒廃している場合が多い。このアウグスティヌスの自伝的文章はそのことを実に見事にとらえている。

ところで次に問題にしてみたいのは，テクストとの対話においても同じことが起こっているのではなかろうか，ということである。わたしたちは総じてテクストを読んでいるが，

---

1)　アウグスティヌス『告白』Ⅱ・2・2 服部英次郎訳，岩波文庫（上），45 頁。

目に入ってくるのは「文字」であり，そこで見たものを発音してみて音に変えて，初めてその意味を聞き取っている。見たものには視覚による一定の距離があるが，それを「声」に出して「聞く」と「心に響き渡る」出来事が起こってくる。つまり声は音となって心に響くようになる。この「心に響く」はラテン語では personare と言われる。つまり声の中に「人格となる」作用が起こっている。ここから人格的な対話は偉大な出来事を生み出すことになる。

　一例としてアウグスティヌスの『告白録』を取り上げて見たい。そこには神の語りかけを彼が「聞く」ことによってのみ回心が生じたことが詳しく語られる。この一点をすこし立ち入って明らかにしてみよう。

　『告白録』の初めに次の有名な言葉が記されている。

　　あなたは人間を呼び起こして，あなたをほめたたえることを喜びとされる。あなたは，わたしたちをあなたに向けて造りたまい，わたしたちの心はあなたのうちに安らうまでは不安だからである。

　このテクストのなかで人間は「あなたに向けて」造られたもの，したがって神への対向性こそ人間存在の核心であることが示され，もし人間がこの対向する運動から離れるならば，心が不安となってしまう。そしてただ「神のうちに」平安を見いだすまでは，その不安は鎮まらないと語られる。彼の『告白録』という書物はいかにして「神のうちに」平安を見いだすにいたったかを，自己の生涯を通して記述したものである。では，この「神のうちに」とはいかなる意味をもっているのであろうか。まず「うちに」（in）とは一般には空

101

間的表象であるが，これを場所や容器のように考えると矛盾に陥る。「わたしが神を求めるとき，たしかに彼をわたし自身のうちに呼びいれるのである。しかし，わたしの神がわたしのうちに入ってこられるような，どんな場所がわたしのうちにあるのか」。神は天地の創造者だから，小さなわたしのうちに入りようがない。そこで反対にわたしの方が神のうちにあらねばならないのだが，ここでの「うち」はもはや空間的なものではなく，それとは別の人格的関係を言うのでなければならない。こうして「だれがあなたのうちにわたしを安らわせるであろうか」と彼は問い直して，「あなたはわたしにとって何であられるのか」，「あなたにとってわたしは何であるのか」と神と人との関係を問うている。これに対する回答はアウグスティヌスによると「我と汝」の対話的関係，すなわち，神が心の耳に向かって語り，これを心がその声を聞く対話の関係によって与えられているのである。

　　主よ，ごらんのとおり，わたしの心の耳はあなたのみ前
　　にある。その耳を開いて，「わたしはお前の救いである，
　　とわたしの魂に言ってください」。わたしはこのみ声を
　　追いかけ，あなたをとらえる。

　神が語り，人が心を開いてこれを聞くことによって成立する対話の交わりこそ，先に問うた「あなたのうちに」あることの意味である。この対話が彼の生涯の決定的瞬間に生じたのであった。彼は当時流行の哲学によって導かれ，神の直観に近づいたが，それに失敗し，みじめにも挫折してしまう。つまり彼は神を見ようとして一瞬の瞥見によって直観に達したが，そこから直ちに転落してしまった。しかし転落した彼

に神の声が外から響いてきて，人間として彼がもっと成長するように促される。こうして聖書に立ち帰り，神の言葉を読むようになった。ところが問題はこの神の言葉が外的文字として読まれるのでなく，内的に霊的な言葉として心に受容されることであった。

　ここで神の言葉は文字から成るテクストである。このテクストに対しどうかかわるかが重要である。そこにはテクストを単なる言葉として外的に捉えるのではなく，「心で聞く」ことがなければ何事も起こらない。ここに「心で聞く」ことの深い意義がある。アウグスティヌスの友人や知人たちは，彼を助け，教会も，彼の母も彼を支え，なかには模範的人物が示されて，促しを受けて，心は回心の直前まで来ていても，最後の転回はどうしても生じない。彼の良心は自分の罪業をことごとく告発し，その罪を明らかに自覚しても，それでも転回は生じない。

　アウグスティヌスは言う，「あらゆる議論は尽くされ，打ち破られ，残されたのは沈黙の戦慄のみであった」と。またその状態について次のように語られている。「わたしの声は尋常ではなかった。発せられた言葉よりもわたしの額，頬，目，顔色，声の調子はわたしの心の感動をよく現わしていた」と。このようにしてもはや言葉にならない心の呻きの声が彼の心中より発せられるようになった。

　こういう危機の直中にあって，自分の内心で語られた独語，「そうだ，いまだ，いまこそ，そのときだ」という決断への促しは発せられても，それはただ空しく響くにすぎなかった。また自己の内からの声として「古い情人」と「威厳にみちた貞潔」がそれぞれ語りかけて来たが，これも「徳か快楽かの選択」を迫られたヘラクレス物語による心の争闘の

文学的表現であって，単に最後の心の状況を表現しているにすぎない。また良心は自己告発をなす「やましい良心」として現われていても，そのような良心の力だけでは心の方向転換である回心は起こらない。

　ただ自己の外からの呼び声を神の語りかけとして聞き入れてこそ，つまり心でつぶやいていた「独語」から「対話」に移ってこそ，心は自己の危機を脱することができた。アウグスティヌスはミラノの庭園で聞いた「子供の声」，すなわち「取りて読め」を心に迫る神の言葉として聞き入れ回心したのであった。まことに「聞く」働きが実存の変革をもたらしたのである。

　このようなアウグスティヌスに起こった出来事はわたしたちがテクストを読むときにも起こらないであろうか。言葉は外的な文字として読む人の前にある，わたしたちはそれを音声に変えて意味を聞き取る。するとその意味が心に受容されて初めて心の転換が起こるとするなら，この転換が起こるように文字は読まれなければならない。もちろん心と言っても多層的であって，表面的な心理的な層から最深の層までさまざまではあるので，心の深部にまで響くように聴くことも可能である。ルターはこの深部に響く言葉の聞き方を「省察」によって捉えている。そこで次にこの「省察」というテクストの聞き取り方を学んでみたい。

6　ルターにおける「省察」の意義

　ルターは若い時代から「省察」の重要性に気づいていた。彼の師シュタウピッツもその著作『まねび』で死から生への転換がキリストの死に対する「省察」によって生じることを

力説していた。シュタウピッツの論文『キリストの聖なる受
難の省察についての説教』ではこの「省察」（Betrachtung）
の意味が詳しく説き明かされる。ルターはこれを読んでお
り，キリストの受難についての間違った省察の批判から開始
し，省察により神がわたしたちにとってひとりの神となるこ
とが必要なのを説き，「わたしたちにとって」といういわゆ
る実存的な関与は，試練を受けている良心に照らして省察が
なされることによりはじめて成立すると述べて，最初の著作
である『第一回詩編講義』のなかで次のように言う。

　　「……省察の能力は理性的ではない。というのは，省察
　　とは注意深く，深淵的に，熱心に考えることであり，心
　　において沈思熟考することを本来意味しているからであ
　　る。それゆえ，いわば中心において追い立てること (in
　　medio agitare)，あるいは中心や最深部そのものにおい
　　て揺り動かされることである。それゆえ内心から熱心に
　　考え，探求し，論じる人は省察している」[2]。

　ルターでは「省察」が，誤りやすい理性とは異なり，人間
の心の深みに向かう傾向を帯びている。すなわち，この「省
察」（meditari）の働きは理性的（rationalis）ではあっても，
単なる論証的な思惟とは異なり，最内奥の自己に向かう運動
となっている[3]。それゆえ『キリストの聖なる受難について

---

　　2)　Luther, WA 3,19,24‑ 30.
　　3)　この「最深部」（intimus）は「深淵的に」（profunde）とともにド
イツ神秘主義の「魂の根底」（Seelengrund）に近い表現であることに注意す
べきである。省察は人間の深部である「内奥」（sinus）をめざし，しかもそ
れが「隠れ場」や「空洞」を意味し，神を受容する「根底」（Grund）に接
近している。

の省察』ではこの「省察」についてこう言われる。

> キリストを仰ぎ見て，その受難に心から戦慄し，自己の
> 良心を絶望のなかに沈める者たちが，キリストの受難を
> 正しく省察しているのである。この戦慄は，あなたが罪
> と罪人とに対する神の峻厳なる怒りと仮借なき真摯とを
> 見ることから生じるべきである[4]。

　このように正しい省察は試練の状況の下にある良心において行なわれ，自己の罪をキリストの受難のなかに認め，偽りの安心をのぞき，自己自身を嘆き悲しみ，キリストとの同形に導いていく。「なぜなら，キリストの受難の本来のわざは，人間をキリストと同形になし (gleych formig mache)，キリストがわたしたちの罪のため痛ましくもその身体と魂に責苦を負わせたように，わたしたちも彼に倣って良心において罪の責苦を負わなければならないから」[5]。ここでいうキリストとの同形化はシュタウピッツにおけると同様に何らの功績思想をも含んでいない。むしろ同形となることによってキリストの受難の正しい省察が行なわれ，自己の罪の徹底的な認識と実存の根本的変革に導かれている。「この省察は人間を本質から変える」とルターが語っている通りである[6]。

---

4)　Luther, WA.2,137,10ff.
5)　Luther, ibid.138,19ff.
6)　diesses bedencken wandelt den menschen wessentlich.,WA. 2, 139,14. この点は最晩年に至るまで変わっていない。このことはルター自身が採用している神学研究の方法論を見ると歴然としてくる。たとえば「ドイツ語全集」（ヴィッテンベルク版,1539 年）第一巻への序文には神秘主義的色彩を伴った彼の神学研究の方法が「三つの原理」として語られている。それを参照して欲しい。

7　実存の変革かそれとも破滅の変身か

　このように「聞く」ことの意義が人生の転換を引き起こすことに、つまり実存の変革をもたらすことにあるのをアウグスティヌスやルターの例によって述べた。対話においてもこのようにテクストと対話することが重要である。対話的な精神がもし欠如していたら、そこからは何ら意義ある出来事が生じてこない。いな、そればかりでなく、次に述べるあのナルキッソスの変身のような悲劇が生じてくると言わざるを得ない。どんなに優れた教説や講義でも聞く耳のない者には、よく言われるように、「豚に真珠」となってしまう。今日大切なことは「語る」ことよりも、対話の前提となっている「聞く」態度を身につけることである。

　古代の哲学者ゼノンは「人間は耳を二つもつが、口は一つしかないことを忘れるな」と語ったことがあった。人間の自然は語るよりも聞く働きを二重にそなえている事実を彼は指摘していた。だがもし人がこの事実に反して他者に聞くことなく、自分の主張だけを語り、相手を無視して自己のみに注目し、自分の語った声のエコー（反響）だけしか聞かないとしたらどうなるのか。このように他者の語りかけに向かう聴く精神が全く欠如した場合の不幸の実体を「ナルキッソスとエコー」の昔話は実に見事に語り伝えている。オヴィディウスの『変身物語』巻三にはこの物語がおおよそ次のように語られている。

　予言者ティレシアスにより「自分を知らないでいれば」老年まで生きながらえると告げられたナルキッソスは、美少年であったため、多くの若者や娘たちが彼にいい寄ったが、非

常な思いあがりのゆえに，だれ一人にも心を動かさなかった。ところが，他人が語っているとき黙っていることができず，また自分から話し始めることもできないこだまの妖精エコーが彼を恋するようになった。以前このエコーのおしゃべりで困ったユピテルの妻ユノーは，話の終わりだけをそのまま返す範囲に彼女の舌を狭めてしまった。そんなわけで彼女は相手の言葉の終わりだけしか返すことができなかったので，もとよりナルキッソスに甘い言葉をささやくことはできなかった。偶然にも一度だけうまく彼にとり入るチャンスがあったが，はねつけられてしまった。そこでエコーは森にひそみ，声のみにやせほそっていった。ついに彼女が「あの少年も恋を知りますように。そして恋する相手を自分のものにできませんように」と祈ると，復讐の女神がこれを聞きとどけたのであった。

　彼女の復讐はこうして起こった。あるときナルキッソスは泉に渇きを鎮めようとし，そこに映った自分の姿に魅せられてしまった。彼は「実体のないあこがれを恋した」のである。こうして彼に次のような罰が下ったのである。

　　何もかもに感嘆するのだが，それらのものこそ，彼自身を感嘆すべきものにしている当のものだ。不覚にも，彼はみずからに恋い焦がれる。相手をたたえているつもりで，そのじつ，たたえているのはみずからだ。求めていながら，求められ，たきつけていながら，同時に燃えている[7]。

　7）　オヴィディウス『変身物語』（上）中村善也訳，岩波文庫，113-121頁参照

　この恋には相手がいない。あるのははかない自分の虚像に
すぎない。「おまえが求めているものは，どこにもありはし
ない。お前が背をむければ，おまえの愛しているものは，な
くなってしまう。おまえが見ているのは，水にうつった影で
しかなく，固有の実体をもっていない」。こうして，この偽
りの姿を見つめながら彼は滅亡してゆく。彼は絶望して叫
ぶ「わたしには恋しい若者がいて，彼を見ている。だが，こ
の目で見ている恋の相手が，いざとなると見当らないのだ」
と。ついに少年はそれが自分自身であることを知り，予言者
ティレシアスの言葉のとおり狂乱状態で死んでゆくのであ
る。

　高慢にも他者の存在を無視し，自分の姿に恋して水仙と化
したナルキッソスも，一方的におしゃべりしたため相手の言
葉の終わりだけを反響するように罰せられたエコーも，他者
の固有の存在に関係することがなかった。そこには正しく聞
いて適切に答える対話の精神が全く欠如していた。この昔話
が語る真実をもう一度考え直してみたいものである。

　したがってわたしたちが生徒や学生また家族などに相対す
るとき，これらの人たちの外的印象にまどわされて間違った
判断に陥らないためにも，たとえ一瞬であったとしても，目
を閉じて相手の心から発せられる「声」に耳を傾けてみなけ
ればならない。外的態度や姿は実は問題ではない。大事なの
はそういう外的表現をとって語っている「心」そのものなの
である。この心に向かって適切に語るためには，その心の直
接表現である言葉を，しかも言葉にならない心の呻きをも，
こちらも心中深く聞き取らなければならない。このようにし
て心と心が触れ合うのでなければ真の対話は起こってこな
い。

　それゆえ読書一般においても「真の対話」がテクストにも
向けられなければならない。このようにテクストと対話的に
かかわることなしには，真の理解は起こりようがないと言え
よう。

第 2 部

研究と教育のアドバイス

I　研究はどのように行われるべきか

は じ め に

　大学での学習が実際にはどのように行われるべきか。それは教師自身が実行してきたことの反省から始まり，教育活動での実践的な指導とその成果から考察すべきであろう。このことでは，どこまでも現実にどのように行われたかが重要であって，理論よりは実験が意味をもつと言えよう。たとえば卒業論文から始まって修士論文を経て博士論文に至るまでどのように学習を完成させたかが具体的に示され，かつ，それがどのように生かされ，いかなる成果をもたらしたのかが具体例をもって示されなければならない。

　そこでわたし自身の経験を実例として参照しながら，実際的な研究の進め方を具体的に述べてみたい。しかし，最初の基礎ゼミはわたし自身が学生に提示した試みであって，自分自身がそれをどのように学んだかは，長くなるので省略したい。

1　基礎ゼミの演習と実例

　大学によってさまざまであるが，1 年次生と 2 年次生には

基礎ゼミが設けられていて，新入生が当該学科の教育内容に
関心をもつように導かれている。そこでは当該学科の学問へ
の関心を学生に呼び起こし，その研究の面白さが喚起される
ようにしむける。ここではわたしが実際に担当した聖学院大
学での実例を紹介する。

（1）　1 年次生の基礎ゼミ

　担当の教師は 1 年次生と話し合って，いくつかの案を提示
して，みんなの合意を得て，何をするかを決定する。1 年次
生の場合には比較的表現が難しくなく，内容も分かりやすい
作品を選びたい。わたしの場合には，学生の関心と能力に応
じてテクストを決め，発表・討論・レポートの作成を繰り返
すようにした。この三つの過程のどれも欠いてはならない。
まずはテクストを各週に 10-20 頁ずつ分け，全員が読んで来
る。その中の一人に内容を発表させる。そこには内容の要約
と感想を述べることが求められる。これを繰り返して読書と
発表の訓練をする。これがとても重要である。なぜなら学生
はこれを繰り返すことによって少しずつ研究心が成熟するか
らである。2 年次生には当該学科にとって学問上不可欠な古
典的な文献を選んで，先と同じ順序で研究を指導する。

　わたしが実際に試みたこと。1 年次生の基礎ゼミのテクス
トを選ぶのは難しい。時代によって学生のタイプが違うし，
学習熱が感じられないときもあって，学問への覚醒をすこし
でも促すことができるように選択しなければならない。たと
えば漱石の『わたしの個人主義』を用いたことがあった。こ
れを学生に少しずつ読んで来てもらって，内容を発表させた
り，ディスカッション形式でもって作品の理解を深めようと
試みたことがある。たとえばこの作品の中に「自律」と「他

律」について論じた箇所を取り上げて見たい。

　（1）わたしたちの日常生活において人は自ら責任をもっ
て決断することは少なく，たいていの場合，社会のしきたり
とか通念や常識を目安にして無為のうちに人生を浪費してい
る。意志が他人の意向のままに受動的に振舞っている場合に
は，それは「他律」（Heteronomie）と呼ばれ，自分の理性の
判断に従って決断するとき「自律」（Autonomie）と呼ばれ
る。

　（2）「他律」と「自律」とはもっとやさしく表現するなら，
「他人本位」と「自己本位」ということである。漱石はこの
「私の個人主義」という講演でこの二つの関係を自分の体験
にもとづいて実に明快に語っている。ここにその一部分を引
用してみよう。それは彼が30歳のころイギリスに留学した
ときの経験にもとづくものである。

　　　この時私は始めて文学とはどんなものであるか，その概
　　念を根本的に自力で作り上げるより外に，私を救う途は
　　ないのだと悟ったのです。今まで全く他人本位で，根の
　　ない草のように，そこいらをでたらめに漂っていたか
　　ら，駄目であったという事にようやく気が付いたので
　　す。私のここに他人本位というのは，自分の酒を人に飲
　　んで貰って，後からその品評を聴いて，それを理が非で
　　もそうだとしてしまういわゆる人真似を指すのです。一
　　口にこういってしまえば，馬鹿らしく聞こえるから，誰
　　もそんな人真似をするわけがないと不審がられるかも知
　　れませんが，事実は決してそうではないのです。……

　　　私はそれから文芸に対する自己の立脚地を堅めるた
　　め，堅めるというより新しく建設するために，文芸とは

全く縁のない書物を読み始めました。一口でいうと，自己本位という四文字をようやく考えて，その自己本位を立証するために，科学的な研究やら哲学的の思索に耽り出したのであります。今は時勢が違いますから，この辺の事は多少頭のある人には能く解されているはずですが，その頃は私が幼稚な上に，世間がまだそれほど進んでいなかったので，私の遣り方は実際やむを得なかったのです。私はこの自己本位という言葉を自分の手に握ってから大変強くなりました。彼ら何者ぞやと気概が出ました。今まで茫然と自失していた私に，ここに立って，この道からこう行かなければならないと指図をしてくれたものは実にこの自己本位の四字なのであります。自白すれば私はその四字から新たに出立したのであります。そうして今のようにただ人の尻馬にばかり乗って空騒ぎをしているようでははなはだ心元ない事だから，そう西洋人振らないでも好いという動かすべからざる理由を立派に彼らの前に投げ出して見たら，自分もさぞ愉快だろう，人もさぞ喜ぶだろうと思って，著書その他の手段によって，それを成就するのを生涯の事業としようと考えたのです[1]。

しかし同時に，漱石はこの「自己本位」の生き方がいかに多くの大問題をかかえているかをその後の生涯をとおして徹底的に究明していくことになる。

（3）　たとえば『三四郎』の広田先生は今日の青年は「自我意識」が強過ぎる点を指摘し，かつては他人本位の時に偽

---

1)　夏目漱石『私の個人主義』講談社学術文庫，133 頁以下。

善家がいたのに「今度は我意識が非常に発展し過ぎて，昔の
偽善家に対して，今は露悪家ばかりの状態にある」と嘆いて
いる。

　(4)　こういう悪の実体について『こころ』が余すところ
なく描きだしている。したがって自己本位に人は生きると
き，自分の個性とともに他者の個性を認め尊重しなければな
らないし，財産や権力が与えられた場合には，義務や責任が
同時にそこに伴われていなければならない，と漱石は先の講
演の結末で述べている。そしてそこには「人格の支配」とい
うことが必要であると次のように語っている。

　　これを外の言葉で言い直すと，いやしくも倫理的に，あ
　　る程度の修養を積んだ人でなければ，個性を発展する価
　　値もなし，権力を使う価値もなし，また金力を使う価値
　　もないという事になるのです。それをもう一遍いい換え
　　ると，この三者を自由に享け楽しむためには，その三つ
　　のものの背後にあるべき人格の支配を受ける必要が起っ
　　て来るというのです。もし人格のないものが無暗に個性
　　を発展しようとすると，他を妨害する，権力を用いよう
　　とすると，濫用に流れる，金力を使おうとすれば，社会
　　の腐敗をもたらす。随分危険な現象を呈するに至るので
　　す。そうしてこの三つのものは，貴方がたが将来におい
　　て最も接近し易いものであるから，貴方がたはどうして
　　も人格のある立派な人間になっておかなくては不可いだ
　　ろうと思います[2]。

---

　2)　夏目漱石，前掲書，147頁。

　もし意志がこのような「人格の支配」の下に立たないならば，他人本位の他律においても，自己本位の自律においても，倫理的に善たりえないとすると，ここで述べられている「人格」とはいったい何であるのか，と当然問われるであろう。

　(5)　人格は一般的には「人がら」をいうのであるが，それはペルソナという原語が示すように俳優が演技にさいし顔につけた「仮面」を意味し，キリスト教では三位の神の働き関係を表わす「位格」として用いられた。そこから倫理学的には役割を演じる道徳的行為の主体を意味し，カントでは道徳法則を担う実践理性の主体を言い表わしている。人格はまた「人格性」という人間の基本的価値や尊厳を示すものとして，すべての人に認められている。しかし同時に他者との交わりの中で独自性と個性とを発揮しうるとも考えられている。

　(6)「人格性」を担っている個々の人格についてカントは人格主義を主張し，人格と物件（もの）との基本的相違を指摘する。すなわち物件は他のものの手段となりうるもので，価格がつけられるが，人格の方は目的自体であって手段とはならない。それは尊厳や品位をもっているからである。それゆえ彼は人格主義の命法を立てて次のように言う，「あなたは人間性を，あなたの人格においても，他人の人格においても，常に同時に目的として扱い，単に手段として扱わないように行為せよ」[3]と。この人格主義は人間の尊厳に立つヒューマニズムの精神を表明しており，人格性はすべての人に平等にあると説かれている。

---

　3)　カント『人倫の形而上学の基礎づけ』野田又夫訳，「世界の名著」中央公論社，247 頁。

　このようにして次には漱石の『三四郎』や『こころ』を読んでみるように仕向ける。これによって，日本を代表する文学者の人生観と世界観とを学生がさらに学ぶように試みた。

(2)　2年次生のゼミ

　わたしが担当した学生は欧米文化学科に所属していたので，2年次生のゼミでは最初にギリシア悲劇の物語からギリシア人の人間観を学ぶように試みてみた。神話は物語の意味であるから，まずはやさしい話しから人間観を取り出すように試みた。

　神話は根源的生をその直接的印象において，つまり嵐が吹き，稲妻のきらめく恐ろしい自然現象においてとらえている。したがって神々が支配を確立する以前の世界は混沌であり，必然性と宿命（アナンケとモイラ）が勢力をふるっており，人びとは破滅の予感をダイモーンの襲撃としてとらえていた。ホメロスもこのダイモーンについて語っているが，ここではソポクレスの『オイディプス王』から学んでみよう。

　オイディプスは人びとがこぞって羨む知力と権力，富と名誉からなる幸福を一身にそなえもったテーバイの王である。すべての人が幸福であると考えているこのオイディプスという人間の根底に彼を破滅に追いやる慈しき宿命の負い目が突如としてあらわになってくる。彼が生まれたとき，その父ライオスはデルフォイの神託により王家に不幸をもたらすと告げられたので，彼をコリントスの山奥深い地で殺すように手配した。しかし彼はそこにただ捨てられたに過ぎなかった。そして，不思議な運命の導きにより隣国の王家の王子として育てられた。長じて彼は自分の出生について疑いをもち，両親を求めて諸国遍歴の旅にたった。その途上デルフォイの神

殿に神託を再度聞く旅に出向いた父に出会い，口論の末に自
分の父とは知らずに父を殺害し，テーバイの町に降り立って
スフィンクスの謎を解いて，その功績により王妃と結婚す
る。この王妃が自分の母であることを知るに及んで，彼は自
分の不運を呪い，自分の眼をくり抜いて，放浪の旅に出立
する。予言者ティレシアスはこの恐るべき宿命を知っている
が，人間の力をこえているゆえに，どうにもならない。「あ
あ，知っているということは，なんとおそろしいことであろ
うか──知っても何の益もないときには」と彼は嘆く。この
宿命が次第に明らかになってくるときの状況について，オイ
ディプスは王妃イオカステとの会話のなかで次のように語っ
ている。

　　　「その話を聞いてたったいま，妃よ，何とわが心はゆら
　　　ぎ，わが胸は騒ぐことであろう」。
　　　「おそろしい不安が，わたしの心をとらえる」。
　　　「ああ人もしこれをしも，むごい悪霊のなせる仕業と言
　　　わなければ，このオイディプスの身の上を，ほかに何と
　　　正しく言うすべがあろう」。　　　（藤沢令夫訳以下同じ）

　オイディプスは破滅をこのように予感し，それを悪霊たる
ダイモーンの仕業に帰している。合唱隊は嘆きの歌を，オイ
ディプスが両眼をくりぬいて舞台にあらわれたとき，次のよ
うにうたって，ダイモーンの仕業をのべている。

　　　おおおそろしや，見るにも堪えぬ苦難のお姿
　　　わが目はかつてこれほどまでむごたらしい
　　　観物をしらぬ。いたましや，どんな狂気があなたを襲っ

たのか。
どんな悪意のダイモーンが
めくるめくかなたの高みより跳びかかり
幸うすきあなたの運命を苛んだのか。

　オイディプスの日常生活はこのダイモーンの力により破壊され，幸福な生と思いなしていた自己の存在がいかなる霊力の玩弄物にすぎなかったか，を悟るのである．この明朗な知性の人にしのびよる破滅の予感はギリシア的憂愁の情念をよくあらわしている。この世界は秩序ある美しいものであるが，その根源は秩序以前のカオス（混沌）であり，そこに破滅と宿命のダイモーンが荒れ狂っている。生の現実はこのようなカオスであることをギリシア人は知っている。

　その他にはソフォクレスの『アンティゴネー』の物語をいつも取り上げてそこに展開する人間観を学んだ。

　さらにプラトンの『饗宴』から人間とエロース生誕の神話なども取り上げるように努めた。というのも人間の低次の欲望を浄化して知恵に対する愛好，すなわち哲学へといたらせることがプラトンの教育（パイデイア）の一つの大きな目的でもあったからである。

(3)　3年次生の講読ゼミ

　三年次生からは基礎ゼミはなくなり，専門課程に入るので大学では一般に「講読」の時間が設定されている。これは「外書講読」と呼ばれ，英語か第2外国語（わたしの場合にはドイツ語）の文献を読むことになっていた。

　ここで初めて学生は第一次文献の資料を読む訓練を受けることになる。テクストの訳は厳密に行われ，その解釈が巧に

なされることが望ましい。大学における研究の営みはこの講読に始まり，解釈のプロセスを経て，翻訳にまで至る。翻訳が何度も繰り返され完成された訳本が出版されることで，研究は終わる。つまり，訳文作成からその解釈と研究を経て翻訳として完成する。この積み重ねが各国の文化の地盤を形成する。続く研究者はそれを土台として次の研究段階に進むことになる。

2　卒業論文の書き方

　学生は 3 年間の学習やゼミの研究で精神的にも成熟してくるが，その過程でもっとも関心をいだき，さらに立ち入って学んでみたいことを選んで，4 年次生の時に卒業論文として研究に携わることができる。このときには就職で忙しくなる学生も多くいるが，それでも授業時間が少なくなるので卒論研究には十分時間をかけることができる。自分の将来の仕事のためにも，他者と社会で生き抜くためにも視野を広げて，歴史についても目を向け，市民社会という活躍の場でいっそう豊かに活動するためにも，重要な意味をもっている。

　ここからはわたし自身の経験を参照して一連の論文の書き方を述べてみたい。わたしは中学に入学すると同時に叔父の家の養子となっていたので，その家業を継ぐべく経済学を勉強していた。だが高校生の頃から哲学には関心をもち，とりわけキルケゴールに心酔していたが，ヘーゲルの『精神現象学』がその上巻と中巻が出版されたとき，とても有名な作品であったので，早速高校の図書室から借り出して読んでみた。しかしほとんど理解することができなかった。哲学思想が非常に難解であることを知ってからは，それを専攻するこ

とをわたしはあきらめていた。しかし，大学1年生のとき恩師の高橋亘先生と出会って，哲学への関心を再度目覚めさせられたのと，哲学を専攻するように勧められ，哲学専攻に進路を変更した。このことはきわめて重要な意味をもっている。というのも，その後大学の演習でも，大学院の演習でも，このヘーゲルの書を読むようになり，博士課程を満期終了し，助手として大学に勤めた最初の夏休みを全部使って，原書でこれを読了したからである。わたしは卒業論文はアウグスティヌスで書くことになったが，こうして哲学の基本文献で思索の訓練を受けたことがとても有益であることに気づいた。一般にはヘーゲルは観念論者であると言われるが，哲学的な思索において彼がいかに優れているかを一度知ると驚かない人がいるであろうか。哲学は意識の経験の学であって，感覚的知覚から出発して哲学最高の認識にまで読者を導いてくれる。こうして最高の哲学的な理解を獲得する訓練を受けることができる。確かに難解な哲学ではあるが，それによって学生は優れた思索の訓練を受け，理性的な思索を高めることができる。これに勝る優れた著作はどこにも見いだされない。哲学を学ぶことは単なる知識の獲得なのではない。わたしたちはこれによって認識力を高めることができる。このような訓練はヘーゲルだけではなく，プラトンでもアリストテレスでも，あるいはデカルトやカントでも可能かもしれない。わたしはそれを否定しない。しかしわたしの経験ではヘーゲルが観念論者であることを認めても，『精神現象学』に優るものはないと思われるほど高く評価したい。

　大学生のころは好奇心が旺盛であったので，色々の種類の名作にも挑戦してみた。なかでもルターに関心をもち，ドイツ語の著作集やフィッカー版の『ローマ書講義』を入手し，

卒業論文はこれを読んで書こうと考えていた。だが高橋先生のアウグスティヌスの『告白録』の講読を2年生のときに受講したので，先生から勧められるままにアウグスティヌスの『神の国』で論文を書くことにした。それには次のような理由があった。

> わたしが思想や世界観にはじめて関心をいだいたのは終戦後の混迷を極めた時代であった。敗戦の挫折感が強く働いていたため，現代思想にはあまり興味を感じなかった。……だが，わたしはアウグスティヌスによってキリスト教古代へと憧憬を懐くようになった。このことがわたしにギボンの『ローマ帝国衰亡史』全7巻を原典で読了するように駆り立て，さらに高橋亘先生についてアウグスティヌスを研究する気持ちを惹き起こしたのである。もちろん敗戦当時に感じられた終末意識が古代末期の精神状況に相通じていることを予感させたのであろうが。　　　　　（「キリスト教古代への関心」創文）

『神の国』のテクストはラテン語の学習が十分でなかったので，ドッズの2巻本の英訳で読むことになった。千頁を超える大作であったが，通読し，重要な章節を再度読んで，しかも参考文献も入手できるかぎり多く読んで，完成させた。

　これがわたし自身の経験である。それぞれの生き方があるし，関心も多様である。世界は広くても同じ人はいないように，各人は自分の願望や憧憬にしたがって生き方を決めなければならない。卒業論文もその意味で人生の一つの区切りを与えるものである。選ぶのは自由であるが，選んだ結果は運命的な作用をもたらすことになる。わたしの卒業論文は「ア

ウグスティヌス『神の国』の歴史哲学と救済史」であった。
もちろんヘーゲルの歴史哲学との相違点は重要な論点となっ
た。とりわけショルツの研究書がヘーゲル的な理解に立って
いたので，これを批判して論文を書いた。この論文をわたし
は 23 歳のときに完成させて，大学を卒業したが，その後 65
年の長い年月を経過した最晩年になって，それ以後も継続し
てきた研究をやっと『アウグスティヌスの「神の国」を読
む』としてまとめて完成させ，出版することができた。

　ところが現代の学生になると取り巻く世界の状況が変化
し，それが学生に直接反映し，わたしが受けた昔のような指
導では学生が教師について行くことができないことが分かっ
た。もちろん大学によって学力の差があるのは当然である
が，国立大学と私立大学とでは異なった対処がなされなけれ
ばならない。まず，卒業論文のテーマを選ぶことになるが，
その前の学年に，つまり 3 年次生のときに，演習で第一次
文献の資料をどのように読むかを徹底的に指導するように試
みた。

1　研究対象とする第一次資料の選択

2　参考文献の収集　主要な基本文献は 2 冊ぐらいは目を
　　通しておきたい。

3　資料を毎週 10 頁から 20 頁読んで，その内容をワープ
　　ロ用紙一枚（400 × 3）に要約し，感想文を付けて提出
　　させる。

4　書き溜めた要旨を編集する。

5　表題を付けて，第一章は「問題の所在」とする。第二
　　章以下は内容に沿って各章の問題に名称を付ける。

6　終わりに「結論」を付け，今後の研究に継続すべき点
　　を列挙する。

3　修士論文の書き方

　修士論文に関しては「修士論文の書き方」を毎年学生に渡してそれに従って研究を進めるように聖学院大学の院生に求めてきた。専門の研究者となるためにはそれなりの準備が求められる。学問にはその作法があって，当然実行すべき作法，あるいは最上の手順，つまり「定石」を踏まえておかねばならない。その文書の中でもわたしの記憶に残っているものをここに少しだけ記しておきたい。

1　まず主題の設定の仕方がもっとも重要である。修士論文は単なる卒業論文の延長ではない。各自が研究したいと願う問題は単なる個人的な関心によって決められるのではなく，その時代に意味のある研究でなければならない。つまり社会に生きる職業人として有意味な問題が設定されなければならない。それは単なる願望を越えた時代の要請に何らかの形で貢献するものでなければならない。大学院はそのような職業人を育成する学問研究所である。それゆえ主題の設定は単なる趣味から，好事家的な思いつきから，また時代はずれの気まぐれの発想から立てられてはならない。このことはきわめて重要であって，その準備なくしてこの過程で研究に携わってはならない。

2　いかなる時代でもその時代に特有な問題が起こっており，それを解決すべき要求が認められる。それを敏感に感じ取る生命感覚や歴史感覚の有無が決定的に重要である。そうは言っても大学における学問研究は，あくまでも時代の利害関係から自由であって，どこまでも客観的

な真理の探究に携わるべきである。このように研究方法としては客観的でなければならないが，それでも時代の要請に何らかの形で応えるものでなければならない。さもないと一時の情熱に浮かされて盛り上がったとしても，何の意味も残らないであろう。

3　研究領域が定められたなら，その研究領域でこれまでどのような研究が行われてきたかを考察しなければならない。まず最初に手を付けるのはその領域の権威者による著作のいくつかを取りそろえて，それを読むことが必要である。教官にそれを教えてもらう必要も起こってくる。さらに自分の決めた主題に関する先行研究のいくつかも熟知しておかねばならない。そのためには文献表を作成して，一つ一つ読んでは，問題点を要約しておく。

4　先行研究とは別に，その問題の基礎となっている第一次資料を時間をかけて読まねばならない。近代語では毎日 10 から 20 頁を読み，重要な内容はカードやノートまたはパソコンに筆写する。できるだけスキャナーを利用してきれいな文字にして保存する。これが研究者にとって何者にも優って価値のある宝となる。この文書（カードやメモ）には巻頭にその内容を短く要約した表題を付け，かつ，出典の頁を付けて保存する。

5　カードを収集し表題に従って分類する。それだけを頼りとして作文に取りかかる。元の資料を再度読むことは断念して，手持ちのカードだけで資料の内容を文章化する。もし再度文献に帰ると，大抵の場合に，作業が続けられなくなる。だから自分が読んだ資料だけで勝負する。この要約する作業がもっとも重要であって，初めはうまくいかなくとも，熟練するように，努力する。

6　多くの院生はこの要約の仕事が困難なため，研究を続けることができなくなる。その場合にはもっとも明晰な哲学書に一度帰り，この仕事になれるように叙述の段落ごとに要点をまとめる訓練をする。その場合，デカルトの『方法序説』とか，アリストテレスの『ニコマコス倫理学』の一部を利用すると成功するであろう。物事を的確に要約する技術こそ職業人としての学者にとって不可欠な手段となる。

7　第一次資料の研究は個別研究であるが，これは研究者の生命であって，この個別のデータにもとづかない研究は，どんなに自己満足のゆくものであっても，ほとんど価値がない。初めから自意識が強く，自分の考えにもとづいて資料や文献を巧に引用して，どんなに華やかな花を咲かせて，百花繚乱のように見えても，それは根無し草に過ぎず，直ぐに枯れてしまって，無用の長物となってしまう。

8　テクストの解釈に当たっては一つの作品を生命的な統一体とみなして，単語の意味や，一文の解釈はそのテクストの全体から，全体はその一語一文から解釈すべきである。それは解釈学的循環のように思われるが，そのように試みるべきである。

　わたしは京都大学に在籍していたとき，大学院の修士課程を一般には2年で済ませるのに3年かかり，博士課程に進学し，さらに3年間を過ごし，結局6年間大学院にいたことになった。そのとき2年間では修士論文が完成しなかったのは，アウグスティヌスの『三位一体論』の全体をラテン語で読み，時間をかけて15巻からなる全体の構成を各巻ごとに詳しく考察していたので時間切れとなって提出期日に間に

合わなかったからである。これでは膨大な大作となってしまうので，これを断念し，『三位一体論』の中心テーマを「理性と信仰」に設定し，初期の作品『真の宗教』の方法との比較によって，このテーマを発展的に考察することにした。ところが修士課程の3年目には，3000人の死者を出した，巨大な狩野川台風によって郷里が大被害を受けたので，秋からはその救援活動に加わり，運転免許証をもっていたので，家の自動車を使って救援物資を被災地に届ける活動に従事した。それでも修士論文は滞りなく書き続けることによって完成させることができた。

　この修士論文は「アウグスティヌスにおける理性と信仰」という題であった。論文の審査に当たった先生方は西谷啓治，有賀鉄太郎，高田三郎，武内義範の諸先生であった。武藤一雄先生はオブザーバーとしてそれに参加された。西谷先生はノートに疑問点を書いてこられ，幾つかの鋭い質問をされたが，わたしの文章がわかりにくいと言って，その一部分を紹介したが，読み終わると「あ，分かった」と言われた。直観的な先生の特質がよく表われていると想った。高田先生はアウグスティヌスの『三位一体論』の原文をわたしに示して，この部分は引用されていたので訳してみなさい，と言われた。わたしは予期しない質問に面食らったが，訳してみると，それでよいと言われたのでほっとした。有賀先生は教会史の観点から詳しい質問を幾つかされたが，アウグスティヌスの「無知の知」について論文にあるように詳しく論じる必要はないと言われた。すると西谷先生がそれを反論したので，先生同士の討論となった。これも予期しない経過であった。

　この修士論文は翌年の『哲学研究』誌に掲載された。この

論文はその後，書き改めてわたしの著作『アウグスティヌスの人間学』に転載された。

4　博士論文の書き方

　博士論文は昔は「学位論文」と呼ばれており，大学院を卒業後 10 年や 20 年もの年月をかけて研究を重ね，かなり大きな規模で作成したものであった。しかし今日の博士論文は以前の学位論文とは異なり「学術論文」と称され，規模も縮小され，短期間で取得可能となった。大学の就職に博士論文が要求されるようになり，博士程在学中でも学位が授与されるようになったからである。それに応じてわたしも博士課程の院生には個人指導を徹底して行ない，わたし自身が京都大学で経験したような放任主義ではなく，計画的に論文を作成できるように指導した。さもなければ，院生は博士論文をとうてい完成できなかったであろう。しかし，4 名の院生（そのうちの 1 人は教授）が指導にしたがって論文を完成させることができた。その要点を最後に記しておきたい。

　1　修士論文を博士論文の一部分として組み入れるように，最初から計画する。博士過程の学生は毎年研究会で発表することになっていたのを利用して，3 年間で論文の骨子を捉え，発表によってみんなに理解できるように質を高めるようにさせた。そうすると少なくとも合計で四つの論文が作成されることになる。

　2　この計画には怠惰な院生はついてくることができない。意欲があっても実現できない者は，研究を継続する習慣を育成する以外には手立てはない。そこで夜は 10 時に就寝させ，朝は 5 時に起きて研究時間を確保させ，これを必ず

厳守させる。

3　文章の書けない学生には論文を書くのをあきらめてもらう。文章というものは，毎日喋っている言葉とは相違して，同じ言葉の組み合わせであっても，中学時代から文章感覚を古典という砥石でもって磨き，鍛えておかない者にはとても書ける代物ではない。学習にはときがある。いつでも学習できるというのは単なる可能性であって，現実には不可能である。体力も知力も衰えた老年になってからでは読書の楽しみをもちたいなどと，いかに願っても実現する筈がない。

4　博士論文を就職の手段としない。論文はそれ自体で十分研究する意義があるのであって，何かの手段にまで貶めるような輩には完成を望むことができない。論文はそれ自体で価値と意味をもっているから，不幸にも就職できなくとも，それをもって学問に貢献したことで満足するように励ます。

5　天才的な発想よりも職人のような忠実な仕事をするように仕向ける。その際，毎日少しずつ着実に研究に従事し，どんな小さな部分をも完成度を高め，再度手直ししなくても済むようにする。

6　博士論文は同時にその分野で今後も活動できる証であって，続けて研究に励むように勧める。各分野での学問的な水準に到達しないでは，その後どんなに努力しても無駄になってしまう。博士論文はその水準に達した証明であって，それ以後も何らかの形で研究を継続するように努める。

　終わりにわたし自身の場合を参考までの述べておきたい。わたしは当初京都大学の博士課程に進むことを躊躇していたが，当時親しく指導してくださった先生方に強く勧められて進学を決心した。研究はその当時の指導教官西谷啓治先生からアウグスティヌスが影響を受けたプロティノスを研究す

るように勧められたが，わたしとしては念願のルター研究を
開始することにした。この研究を長らく引き延ばしてきた
からである。こうして博士課程の最初の1年間はルターの
『ローマ書講義』を毎日1頁ずつ読んではカードに書き留め
た。この講義はフィッカー版の原書を学生時代から所有して
おり，その研究の機会を狙っていたので，エルヴァインの独
訳を参照しながら訳文を作った。その記録は今も手許に残さ
れており，時折は当時を偲んで読んだりしている。次の年は
『ガラテヤ書講義』（1532年）に移った。このようになった
のは，教会の先生からこの書の英訳本をいただいたからであ
る。この先生は信仰を指導してくださったばかりか，ルター
の『ローマ書講義』の訳本を貸与してくださり，『ガラテヤ
書講義』の英訳本をわたしに下さった。この書物は古い訳書
であったが，当時としてはとても高価な稀覯本であって，そ
れに刺激されてこの書の研究に博士課程の2年目が当てら
れた。3年目にはルターのもっとも難解な『スコラ神学者ラ
トムス批判』の研究に入っていった。この時期に行った研究
によってわたしは原典に遡って資料を読むという研究の基本
姿勢を体得した。それはルターをラテン語の原典で読むとい
う単純なことであるが，その後継続して遂行することで研究
の基本姿勢を修得するに至った。

　さらに幸いなことに京都大学哲学科の図書室にはルターの
ワイマル版全集やルター研究の権威者，佐藤繁彦の蔵書が収
納されていたので，これを使って研究を進めることができ
た。こうして博士課程の2年目の終わりに，レポートを当
時の指導教官であった有賀鉄太郎先生に提出した。

　こうして博士課程で学問に携わったわたしは，30歳にし
て大学院の所定の単位を修得して，東京に職場をえて，旅立

つことになった。それに先だって大学院では通称「御前講
義」と呼ばれていた研究発表を哲学科の諸先生の前でおこな
うことになった。わたしは修士課程でアウグスティヌスを学
び，博士課程でルターの研究をしたので，研究を纏める意味
で両者の比較をその「基礎経験」によって試みることにし
た。そこで研究発表の題は「宗教的原体験の意義について
──アウグスティヌスとルターの比較考察」とした。これは
二人の宗教家の基礎経験の共通点と相違点とを比較研究した
ものであり，両者の人間についての理解の根底にある基礎経
験がいかなるプロセスによって人間学として確立されるかを
考察したものである。このことは社会に出てから後の思想史
研究の基礎となったものである。その際，基礎経験における
否定的契機の重要性が指摘され，この否定性が救済経験と対
極的構造を形造っており，そこから否定媒介の論理としての
弁証法が形成され，この経験に即した論理が人間学的思考を
導き出している点が解明された。この論文はその後，わたし
の博士論文の付属論文として公表された。

　この研究はやがてまとめられて博士論文の提出にまで発展
した。完成したのは立教大学時代であって，43歳のときで
あった。この大学に就職したとき，二人の先輩がアウグス
ティヌスの研究者であったので，当時学部長から君はルター
も研究することができるのだからルター研究をしてもらいた
い，と要請された。わたしも喜んでそれに従い，年に2回
出されていた大学の研究紀要に次々に投稿し，掲載された。
もちろんわたしが所属していたいくつかの学会誌にも積極的
に論文を発表した。それらの論文をまとめて創文社から『ル
ターの人間学』として出版し，京都大学に提出して学位論文
として認められた。

II　講義の準備と研究発表

　大学教師の仕事は研究と授業から成り立っている。研究と授業は車の両輪のようであって，そのどちらが欠けたり，あっても欠陥があると，うまく進まない。わたしは教師生活の初めの 20 年間は一般教養を担当したので，研究という授業がなかったので，研究しなくてもよいのかというと，そうではない。担当する科目のために広く研究しなければならなかったし，学期中はその準備に多くの時間を費やしたので，わたし自身の学問的な研究は一時停止せざるを得なかった。しかし，大学が休みになると，気持ちを一転させて本来の研究を継続していった。

1　授業の準備と実行

　大学の授業には準備が必要である。実は準備してもそれを使用できない場合も多いので，無駄なことに手をだすべきではないと，合理的な人は考えるであろうが，実はそうではない。多くの知識を習得した上で，今何が必要として求められているかを，そのつど検討して，必要不可欠の知識を学生に提示し，その重要性を学生と一緒に考えるようにすべきである。この意味では教師は学生の 100 倍もの知識を蓄えてお

かねばならない。

　そこで 1 年間にわたって講義する計画を授業のはじめに
学生に予め告げ，全体計画を示しておいてそれが徐々に進行
することを理解してもらわねばならない。今日では予め「授
業計画」（シラヴァス）として提示するようになっているが，
わたしが教師になった頃は科目名が学生に示されていただけ
であった。しかし，わたしは大学で講義を始めた最初から授
業計画を黒板に書いて，学生にどのような講義をする計画で
あるかを示しておいて，すべてを必ず実行するように心がけ
た。

　わたしの手もとにはこのような授業計画の記録が二冊あ
り，最初の一冊には「講義題目と授業計画」（1963-94 年）
という題名のノートが 102 頁ほど保存されている。そこで
最初の「哲学」と「キリスト教倫理」の授業内容は，それを
公表するには内容がきわめて貧弱ではあるが，ここに参考ま
でにあえて取り出して見よう。

　哲学の講義予定　1967 年（昭和 42 年）
　　第 1 章　哲学の本質
　　（1）　哲学の課題
　　（2）　哲学と宗教
　　（3）　哲学と科学
　　（4）　哲学と生活（a 常識への抗議　b 哲学的回心　c
　　　　　哲学の学問性）
　　第 2 章　哲学の根源と起源
　　（1）　哲学することの三つの根源（驚き・懐疑・限界
　　　　　状況）
　　（2）　西洋における哲学の起源

　（3）　アリストテレスにおける哲学の体系的区分

第 3 章　哲学の諸部門（純粋哲学）

　（1）　心理学

　（2）　認識論——カントを中心に

　（3）　論理学と弁証法——ヘーゲルを中心に

　（4）　存在論と形而上学——ハルトマンを中心に

　（5）　倫理学——アリストテレス，カント，ブーバー
　　　　の三類型

　（6）　美学

第 4 章　哲学的人間学と実存哲学（応用哲学：数理哲
　　　　学，自然哲学，文化哲学，歴史哲学，哲学的人
　　　　間学，社会哲学，言語哲学）

　（1）　キルケゴールの「関係としての自己」——『死
　　　　に至る病』

　（2）　ハイデガーの「世界内存在」——『存在と時間』

　（3）　ヤスパースの「限界状況」——『哲学入門』

　（4）　ブーバーの「人間と共存しつつある人間」——
　　　　『人間とは何か』

　次に同年に担当した「キリスト教倫理学」の授業内容が続
いて記録されているので，それも挙げておこう。

キリスト教倫理学概論　1967（昭和 42）

第 1 章　キリスト教倫理学の課題と方法

第 2 章　聖書の倫理思想

　（1）　契約

　（2）　山上の説教

　（3）　パウロにおける律法と福音

　（4）　ヨハネにおける愛の交わり

第 3 章　キリスト教倫理の歴史的展開

　(1)　アウグスティヌスにおける「愛の秩序」

　(2)　ルターの「二王国説」

　(3)　パスカルの「三つの秩序」

　(4)　キルケゴールにおける「実存の三段階説と愛」

第 4 章　キリスト教倫理の課題と方法

　(1)　キリスト教倫理学の定義

　(2)　現代の精神状況とキリスト教倫理

　(3)　一般倫理思想の発展

　　(a) 習俗，道徳，人倫

　　(b) アリストテレスの目的論的倫理学

　　(c) カントの義務論的心理学

　　(d) ブーバーの応答的倫理学

　(4)　キリスト教倫理の歴史的発展

　(5)　キリスト教倫理学の方法

　このような講義は毎年繰り返され，やがて『人間と歴史』（ＹＭＣＡ出版同盟出版，1975 年），『哲学入門』（国立音楽大学出版部，1977 年），『キリスト教倫理入門』（教文館，1987 年）として出版されるようになった。

　講義の時には学生の筆記の負担を軽減するために講義で取り上げられた著者の文章をコピーして，B4 版 2 枚にはり付けて，学生に渡し，わたしはその欄外に自分の考えを書き入れ，このコピーを学生と一緒に見ながら講義した。講義後には自分の考えを基礎にして思想内容を文章化し，少しずつ貯めていって，著作にまで練り上げていった。

　わたしは友人や知人からどうしたら著書を書くことができるのか，とよく質問を受けた。それに答えて「講義を内容的

に充実すれば，本を書くのは簡単です」といつも答えた。事実わたしの多くの著作は先に挙げた「講義題目と授業計画」に中に講義内容として書かれているものばかりである。

2　研究発表

　大学の講義には一般教養のための授業と並んで「専門研究」も行われているが，一般教養を担当した教師であっても，学部の「研究」を担当したり，集中講義に招かれて研究を担当することもある。この専門研究でも第 1 次資料から綿密に研究された学術論文は，学会に発表し，同じことを研究している専門家から批判されたり，同じ専門分野の研究者から説明を求められたりすることは，研究を一段と客観化し，不十分なところを補ったりする点できわめて役立つものである。またこの種の研究発表をめがけて専門分野の開拓に努めることは研究者にとってきわめて重要なことである。

　研究発表の内容は発表時間の 20 分に合わせて適宜準備する必要があり，余り多くを準備すると時間内に収まらない。発表内容はあらかじめよく準備しておけば，何ら不安を覚える必要はなくなる。学会では聴衆の前で静かに明瞭に読み上げればよいのであって，昂奮する必要は全くない。発表内容さえ準備が整っていれば，機械的に読み上げれば良いのであって，赤面するようなことはない。人に話す訓練はだれでも必要に応じて行っているので，ただ修練と習慣さえ積めば，話しは誰にでもできる。わたしでも所謂「上がってしまう」ことは教師になってからは一度もない。何百人の前でもそれなりの準備さえできていればどぎまぎすることなどないのである。すべては習慣である。習慣と言えば話すことは毎

日しているのだから何でもないのに，書くことはどうしても
毎日少しずつ書くことによって習慣づける必要がある。何も
書かないという習慣が一度でも身についたなら，研究者とし
てはもう終わりとなってしまう。これに優る悲惨はない。

　その際，わたしが若いときから努めてきたことは一年間に
必ず研究論文を一つまとめるように決めてきたことである。
これを10年間同一の研究分野で続けると，必ずや一冊の研
究書ができあがるであろう。事実，わたしはそのように実行
してきた。一つのテーマを10年以上研究し続けると，累積
した膨大な資料が心に記憶され，形を与えて処理しないと，
それに妨げられて何もできなくなってしまう。そうした意識
の重圧と苦悩から逃れるために，あたかもゴミ箱——それは
美しく保ってくれる護美箱を意味する——に放棄するかのよ
うに，研究書にまとめておけば，それから解放されることが
できるからである。実際，処女作『ルターの人間学』を出版
したとき，記憶が全部出て行ったので，頭が空になったよう
に感じたが，またもや数年すると資料で満ちてきたのには驚
いてしまった。そして時折その資料は生意気にもそろそろわ
たしの出番ではないですかと図々しく要求したりする。わた
しはうるさいまだだ，もう少し待ってくれと宥めることしか
できない。

　このようにして研究書も2，3冊出した頃にはわたしの文
体までも定着してきたばかりか，わたしがものを考える観点
や枠組みまで固定してきたように感じた。思想にも枠組み
があって，その射程が思想家の力量と資質を決定している。
もっとも大きな思想家であると思ったマックス・ヴェーバー
の「合理化」などかなり大きな枠組みであるし，カントの批
判哲学の「超越論的思考」などもきわめて優れている。わた

しが前章で問題とした「創造的主体」などはどれくらいの思索の射程をもっているだろうか。わたしがこれまで人間学で組織的に追求してきた「人間学的三区分法」などもかなりの射程をもっていることが実証されたように思われるがどうであろうか。

3　翻訳の仕事

　終わりにわたしがこれまで行ってきた翻訳の仕事について述べておきたい。教文館の高戸要さんから依頼を受けて「アウグスティヌスの著作集」の翻訳編集に携わることになった。それはわたしが 43 歳の頃だった。この著作集は第 2 集が続けて刊行され，今わたしが最終刊の訳を引き受ければ，すべて完了するので，これまで 35 年間これに携わって来た。全部で 33 巻，増補 2 巻になって 35 巻になるが，その中で12 冊もわたしが訳に参与したことになる。この著作集の刊行時にわたしが書いた短い文章が残っているので，それをここに挙げておきたい。さらにそれに続いて「キリスト教神秘主義著作集」の編集にも参加し，わたしが 2 冊を訳すことになった。このときわたしが書いた編集者の言葉をつづけて挙げておきたい。

（1）「アウグスティヌス著作集」（第一集）
　アウグスティヌスが生きた時代は古代末期であり，古き時代の思想的価値体系が没落しようとしていた激動期であった。古代世界はその思想もろとも根底から更新されなければならなかった。かかるときアウグスティヌスという一個の人格のうちに当代の精神的支柱であった諸思想が流入し，彼自

身の生の体験を通し，それらが歴史の厳しい試練に見舞われたのである。それゆえ彼は現代のわれわれの関心を呼び起こすきわめて少数の偉人のひとりにかぞえられる。とくにギリシア思想とキリスト教という原理的に異質な二文化が彼のもとで最終的に融合し，ヨーロッパの思想的骨格が史上はじめて成立し，ここから中世思想のみならず，近代世界への道が備えられたのである。

　彼の魅力的な人柄もわれわれを惹きつけてやまない。真理探求への燃えるがごとき情熱，絶望の淵でのたたずまい，永遠の愛による救いなどを通して，あの豊かな内省の世界が創りだされる。そこには人間そのものの普遍的な形が表出されている。この苦悩し病める人間が神の恩恵によって新生する劇的回心はまことに「世紀の回心」であり，その「回心の哲学」は「恩恵の博士」と呼ばれるにふさわしく，永遠の光を今日に至るまでも放っている。

　哲学界と神学界においてアウグスティヌスの思想的全体像への要求は日毎に高まってきているが，残念ながらわが国ではこれまで『告白』とその他わずかな著作しか訳されていない。戦後わが国のアウグスティヌス研究も飛躍的発展をとげているとき，今やその著作の全貌が訳出され，広く日本の思想界に紹介される時期が熟してきているといえよう。ここに新進気鋭のアウグスティヌス研究者の総力をあげて世に問う著作集全15巻は，翻訳・注・解説にわたって優れた内容をもち，わが国キリスト教思想史の研究において記念碑的業績としてながく残るであろう。

　（教文館版「アウグスティヌス著作集」パンフレット，1979年）

(2)　「アウグスティヌス著作集」（第二集）

　わたしたちアウグスティヌスの研究に携わってきた者たち
が集まって著作集の翻訳と出版を協議したのは，もう 20 年
も前のことでした。同じ志をもっている多くの研究者のご協
力によって当初の計画であった 15 巻の著作集も，一巻を除
いて完了するにいたりました。かなり長期にわたる出版であ
りましたが，読者の方々のお励ましとご忍耐とによりまして
当初の目的を達成できたことを厚く感謝いたしております。

　さて，この間に読者の方々からのご要望もあり，さらに
15 巻の著作を先の著作集に加えて刊行することになりまし
た。この計画はすでに数年前にまとまり翻訳に取りかかって
まいりました。このたび『ヨハネ福音書講解説教』（全 3 巻）
の出版をもってこの計画を公表し，他の巻も逐次刊行してい
くことになりました。

　今回の刊行計画は「旧新訳約聖書の講解」と「説教」を中
心とし，主著の一つである『三位一体』また「ペラギウス派
駁論集」2 巻の追加，さらに「倫理論集」から成っておりま
す。今回の追加出版によってアウグスティヌスの著作のほぼ
全容が邦訳されることになります。なお，今回の計画には新
たに若い研究者が多数参加してくださることになり，わたし
たちがこれまで厳守してきました原典に忠実な翻訳を継続し
ていくことができることをうれしく思っております。

　（教文館版「アウグスティヌス著作集」第 2 集　パンフレッ
ト，1993 年）

(3)　「キリスト教神秘主義著作集」── 原典からの忠実な
　　　翻訳

ヨーロッパ精神史の研究は戦後大いに発展してきておりま

すが，それでも中世の後期から近世の初期にかけての研究は
いまだ手の付けられていないところが多いといえます。今回
計画されましたキリスト教神秘主義の流れもこの時期に重
なっており，これまでわたしたちにあまり知られていなかっ
た領域です。もちろんいくつかの著作の翻訳と研究は続けら
れてきてはいますが，ヨーロッパ全土にわたって展開された
この流れの全体を展望するにいたっていません。実際，ドイ
ツやスペインだけでなく，イタリア，フランス，オランダ，
イギリスにわたって広く神秘主義は開花しており，ヨーロッ
パ精神史のなかでキリスト教的霊性の豊かな源泉となってい
ます。

　このようなキリスト教神秘主義の全貌をどのようにしたら
日本に紹介し，精神的糧として提供できるか，とわたしたち
は苦慮してきました。そこで神秘主義の流れの全体を総花的
に展望するよりも，最も重要な思想の展開を重点的にとりあ
げるほうが，永い目で見ると実りが多いと考え，全体を四つ
の主流に分けて編集しました。つまり，12-3 世紀の中世盛
期のラテン的神秘主義，14-5 世紀のドイツ神秘主義，16 世
紀のルター派の神秘主義，17-18 世紀の自然神秘主義という
四大潮流に分け，さらにギリシア教父の中で神秘主義の源泉
となっている著作を巻頭に収めました。またアウグスティヌ
スと十字架の聖ヨハネやテレジアなど，すでにその著作集が
出版されているものは割愛されました。なお，すでに出版さ
れている著作でも改訳すべきであると思われるものは著作集
に入れられています。

　翻訳に当たってはギリシア語，ラテン語，中高ドイツ語，
フラマン語，近代ヨーロッパ諸語から成る原典に忠実に従い
訳すように努め，単に読み易いだけでなく，学問的にも十分

信頼のおける決定訳となるよう心がけ，詳しい注・解説・解題にも力を注いでおります。

　（教文館版「キリスト教神秘主義著作集」パンフレット，1989 年）

　わたしは第 1 次資料の古典の翻訳にしか取り組まないことを原則としてきたが，わたしの学問的な水準よりもはるかに優っている研究に触れると，翻訳してみたいと思うようになった。こうしてチャドウィックの『アウグスティヌス』（教文館）とコックレン『キリスト教と古典文化』（知泉書館）を訳すことになった。それはすでに古典となっている研究でもあった。

　終わりに翻訳に関して学んだことを述べておきたい。

　（1）　研究と翻訳の両方の仕事を両立させることは難しい。人間の資質にはこの両者をこなすほど豊かに才能が授けられていないからである。ところが歴史研究の場合には翻訳されていない文書が山のように多い。ラテン語の場合，日本の研究者は近代語訳を参照せざるを得ないが，それとてもそんなには訳されていない。そんなわけで，わたしも研究を進めているうちに，ラテン語の資料に直接取り組まざるを得なくなる。つまり研究しながら翻訳を自分で行わざるを得なくなったのである。その結果わたしは研究と翻訳を両立せざるを得なくなった。

　（2）　翻訳の仕事は「頁」ではなく「行」を単位に進めるべきである。これは『トム・ブラウンの学校生活』に描かれているイートン高の実例に倣うものである。アウグスティヌスの全集のベネディクト版をわたしは使って翻訳してきたが，この版で誤植を見つけることができなかったほどそれは

優れたものであった。このフォリオの大冊をわたしは拡大コピーして4分の1に切り，ノートにはり付けておいて，仕事に取りかかり，まず3行訳すことに専念する。一文がたいてい3行からなっているからである。それを正確に二度と訳し変えなくてもよいほどに念を入れて訳す。余った時間を使って10行を一日の分量と決めて訳を続行する。とにかく3行を最初目的に開始する。この方法はわたしにとって実に産業革命であった。10行以上はしない。それを越えると明日はもう訳す気持ちにならないからである。しかし，これを無理しないで継続していくと，わたしの例を見ても分かるように，大作の訳をいつの間にか完成することになる。

　（3）　著作の本文を朗読することで著者の肌触りを感じながら，向こうから声をかけられるような気持ちで，文章の意味を捉える。著者の意図を感じながら思想を追体験する。こうして著者の思想を追跡していくと，いつの間にか著者と一緒に考えるようになり，わたしの水準を超えて大思想家に似た思考を獲得することになる。アウグスティヌスを訳すことによってわたしは彼と一つになって思考し，彼に似る者となっていく。

　（4）　翻訳には3種類の訳が可能である。原文に忠実な訳と意訳とこの二つの中間である訳である。アウグスティヌスの『神の国』について英語訳を例としてこの点を考えてみよう。わたしが最初卒業論文で使ったドッズ訳は原文に忠実な余りよく理解できないことがあった。ラテン語の quod をことごとく that と訳されたら，何が何だか分からなくなる。次に出た World-classic 版の英語は良くできた意訳であって読みやすいが，原文に忠実ではない。これを使った訳を全面的に改訳する仕事に携わったことがあるが，それとは別に名

高いイギリスのロエブ叢書の訳を参照して見て驚いたことに、この訳は原文に忠実でありなからも理解しやすい訳文であった。こうした経験から訳には3種類があることを学んだ。訳業にはラテン語だけではなく、思想を理解する理解力が重要な働きをしており、原文に忠実でありながらも、平明で読みやすい訳をこれまで心がけてきた。それゆえまず原文にできるかぎり忠実に訳し、次に理解しやすいように平明に修正する方法が最良であると信じている。

　(5)　このような翻訳の仕事を通して、カントやヘーゲルの著作を読むときも、原典を重んじ、できればときおり参照して、思索の訓練をすることができる。わたしは初め哲学の教師であったので、演習の時間にはカントとヘーゲルの主著を採り上げて読んできた。こうした付き合いによってわたしはカントになるのではなく、カントと共に思索する、つまりフィロゾフィーレンすることができる。これはとても楽しい時間であって、止められない。

　(6)　このように読者もわたしと同じく思索してもらいたいので、訳文は平易で簡潔な言葉を選ぶようにつねに心がける。できれば朗読するに耐えられる文章にしたいものである。平明な文章が理想である。それに習熟するためには日本の古典に親しむ必要がある。漱石や鴎外、また志賀直哉の作品がもっとも優れた模範であろうが、現代の小説であっても、優れた文章によって砥石で磨くようにわたしの文章も彫琢したいものである。若いときから吉川英治、藤沢周平、山本周五郎などの文章に親しんできたが、まだ周五郎とは付き合っている。

第3部

わたし自身の経験から

Ⅰ　青年時代の読書体験

　わたしの考えではすべて思想の根底には基礎経験があって，そこからの人間学的な反省が第一次のロゴスとなり，思想的な客観化が第二のロゴスとなって各自の思想が形成される。これは若い日に愛読した三木清から学んだことである。わたしにもこの種の基礎経験があることから考察を開始したい。

1　中高時代の読書の想い出

　わたしは郷里の沼津第一小学校から沼津中学に進み，そのまま沼津東高校となった中高一貫の教育を受けた。この時代の記録は断片でもほとんどなく，ただ一つ「高校時代の読書」と題して中高時代のことを書いた文章が残っているだけである。
　中学から高校にかけての思い出は余りに多くて書くことができない。そこで今日まで関係のある読書について語ってみたい。中学1年生のとき，英語の辞書を買うことになり，その説明が書いてあった紙をくるくる巻いて太田芳三郎先生をのぞいて見ていたら，前に出て来いと言われ，教壇のところに行くと，大音声と共に頰をなぐられた。友人たちもびっく

149

りして飛び上ったという。実際，これが今日まで親しく付き合うことになった辞書との最初の出会いであった。

　その後，農作業や山作業に出かけてばかりいて，中学1年生のときには英語の辞書は使わなかったが，2年生のとき敗戦を迎え，その後は教科書や英文の書物を読むときにこれにお世話になった。ハーンの怪談にある「耳なし芳一」など英文で読んだし，家にあったバーレイの『万国史』なども中学時代に英文で読んだことを覚えている。

　高校生になった頃から読書の傾向が変化し，哲学と宗教の本に向かった。そのきっかけは国語の教科書にのっていた三谷隆正の「自己と独創」という文章であった。そこでのソクラテス論に導かれてプラトンの『ソクラテスの弁明』を読み，大変感動したことを覚えている。こうして三木清や天野貞祐，内村鑑三，さらにはアウグスティヌス，ルター，キルケゴールまで内外の思想書を渉猟するようになった。

　内外の文学作品にも手を出したが，忘れることができないのは，ドストエフスキーの『罪と罰』である。体育の時間にラグビーのゲームをしていたとき，ボールをトライしたわたしの上に大勢の友人たちが飛びかかり，わたしに校庭の竹が足に突きささり，病院に運ばれて手術を受けた。そこに続いて入院していたわたしを伯父が訪ねてきて読むようにと『罪と罰』を置いて行った。この作品の殺人の場面とわたしの怪我とが重なって何日も苦しい夢に悩まされた。こうしてこの作品はわたしの心に深く食い入っていくことになった。

　考えてみると，こうした高校時代の生活がそのまま続いて今日にまで至っている。ゲーテが「青年時代に求めたものは，老年になって豊かに与えられる」と語っているが，わたしの人生もこの箴言の真理を証しているように想われる」

150

（『乾坤めぐりて――沼津東校二回生想い出集』同窓会誌，2005年，34-35頁）。

2　ヨーロッパ文化研究に駆り立てた二つの要因

わたしの「ヨーロッパ文化と日本文化」というエッセイにはそのような基礎経験が次のように述べられている。

「若き日におけるわたしの最大の経験は中学2年生のときの敗戦であった。これを契機にヨーロッパ研究に導かれた。強大な軍事力を誇るアメリカの文化的な背景はヨーロッパにあって，その文化の核心を学ばなければならないと幼いながらも直感した。こうして英語の勉強から始まったこの研究は半世紀を超えて今日に至るまで継続されてきた。なお，少年時代に経験したことで忘れることができないものがもう一つある。それは母がキリスト教の家庭に育ち，仏教の家に嫁いできたことから，耶蘇教徒として迫害とまで言えないとしても，数々のいじめに遭ったことである。これがわたしの幼い心に痛みを与え続けた。それ以来母の宗教を弁護することがわたしの課題ともなっている。もちろん実現できた成果は真に微々たるものではあるが，自分の使命を忠実に果たしてきたと確信している」（『人間学から見た霊性』教文館，2003年，125頁）。

ここでは二つのことがわたしの思想的行動の背景にあることが語られている。一つは敗戦という未曾有な経験であり，もう一いつはキリスト教の弁護である。この両者が相まってわたしをヨーロッパ思想史の研究に駆り立て，ヨーロッパ文化の人間学的研究とキリスト教の根本思想の理解に立ち向かわせたのであった。

3　大学時代の読書

　では，どのようにしてわたしの経験は具体的に進められた
のか。それは「わたしの哲学修業時代」と題する短文に次の
ように記されている。

　「終わりにわたしの大学時代に読んだ哲学書をあげて参考
に供したい。高校 2 年生のときに読んだプラトンの『ソクラ
テスの弁明』によってひとたび哲学の焔が点火されると，わ
たしは受験勉強をまったく忘れるほど哲学書や宗教書を読み
だした。三木清と天野貞裕の著作集，内村鑑三思想選書，さ
らにアウグスティヌスの『告白』，「ルター選集」（全二巻），
キルケゴールの『死に至る病』などを読みふけった。そのこ
ろわたしの読書指導をしたのは河合栄二郎編『学生と読書』
であった。このような哲学の読書もやがて挫折する運命に
あった。ヘーゲルの『精神の現象学』を高校の図書室から借
りだして読んだが，残念なことに何一つ理解できなかった。
こうして哲学熱がいっぺんにさめてしまい，自分には哲学的
才能がないと思ったので，大学では経済学を勉強しようと考
えた。そこでアダム・スミスの『国富論』やマルクスの『資
本論』，山田盛太郎や平野義太郎などの日本における資本主
義論争など経済学の勉強はしたものの，哲学的な物足りなさ
を感じた。わたしは哲学科に転科せざるをえなかった。とい
うのはヘーゲルの難解さに躓いてから哲学に遠ざかっていた
が，それでも哲学には未練が残っていたからである。その証
拠に 1 年生の夏休みには『キルケゴール選集』人文書院の数
冊を携えて伊豆大仁にある友人の禅寺にこもってことごとく
読破したし，2 年生のときには清水幾太郎のカントについて

の講演がきっかけになって難解で有名な『純粋理性批判』天野貞裕訳，岩波文庫，全三巻を読了したのであった。同じころギボンの『ローマ帝国衰亡史』全7巻を原文で半年かかって読み通したたことは，わたしをして歴史研究へと向けさせることになった。ところで410年アラリックが率いる西ゴート族がローマに侵入し，永遠の都ローマを攻略するのであるが，これを機会にしてアウグスティヌスは大著『神の国』を執筆しはじめる。わたしはローマ史への関心からこの作品に強くひきつけられ，彼の歴史哲学を卒業論文のテーマとして選ぶようになった。その他，哲学の授業で講読されたアリストテレスの『形而上学』，アウグスティヌスの『告白』と『霊と文字』，カントの三批判書などはわたしに哲学的思索の基礎を与えてくれた。このゼミナールこそ教師と学生とが一つになって共同のロゴスを探求する場であり，もっとも魅力ある時間であった。こうして高校の時に挫折を経験したヘーゲルの『精神現象学』をわたしはその後大学院に進学してから学び続け，大学院の全課程を修了した年の夏休みになって原典でその全部を読み通すことができた。

　これをもってわたしの修業時代も終ることになったが，〈青年時代に求めたものは老年において豊かに与えられる〉というゲーテの『詩と真実』第二巻の巻頭にある箴言をわたしは現在想起せざるをえない。青年時代に学びはじめた人生の可能性を，たとえそれが制限されたものであっても，生涯かけて追求し，実現させてゆくのが人間的な歩みであるように思われる。各人の人間的能力は限界があり，残念ながらわずかな可能性しか与えられていないにしても，青年時代に探求したことがその後の生涯を決定するということも認めざるをえないであろう」（『哲学入門──基礎概念の解明による』

国立音楽大学出版課，1977 年，206-212 頁）。

4　大学 1 年生の夏休みと読書の思い出

　大学時代には専門の哲学書を読んだことを先に述べたが，専門書だけではなく，一般書も実によく読んだものである。読書ノートを作って 1 冊を全部埋め尽くした事を記憶しているが，それにしても多読であった。このようになったのは読書の喜びを経験したことがある人には理解してもらえる事実である。老後になってから読書の楽しみを味わおうとする人も多くいるが，視力と気力の衰えはこの喜びからわたしたちを遠ざけてしまう。

　大学に入って知識欲が旺盛であったころは本当に多読であった。一年生の夏休みはその最初の 1 週間を 10 人ほどの友人と一緒に伊豆半島を一周する旅行に出かけた。沼津港から東海汽船で松崎に行き，小学校の校舎に泊まりながら半島の先端にある石廊崎，下田，湯が野を経て修善寺まで歩いた。この一行のなかに吉川君という友人がいて，伊豆の大仁の禅寺に育ったため，勉強にはよい環境だから，本をもって遊びにこないかと誘われた。わたしは当時キルケゴールに夢中になっていたので，『死に至る病』（岩波文庫）や人文書院の「選集」に入っていた『愛について』『許婚への手紙』『哲学屑』などをもって出かけ，朝四時から夜十時まで 10 日間を文字通り読書三昧の生活を送った。こうして過ごした 10 日間は一年分の重みをもっていた。あまりにもキルケゴールに凝ったためか，兄からの手紙の宛名に「金子キルケゴール様」とあったことを覚えている。またこの夏には多くの本を

154

読みふけった。当時付けていた読書ノートには夏休み中に読んだ書物として 60 冊を記録してあった。残念ながらこのノートは紛失してしまって今はない。もちろん当時出版されていたアテネ文庫など 50 頁ぐらいの小冊子もいくつかその中に含まれていたので，驚くには及ばない」（「岡山大学倫理学教室の栞」）。

5　知的回心 ── 大学 2 年生の読書体験

　だが，若き日の読書には知的回心が伴われていることを忘れてはならないであろう。わたしの場合を述べてみよう。

　〈回心〉という言葉は一般的に宗教的な意味でもちいられているが，時に道徳的にも使われている。しかし，精神的意味，とりわけ知性的な意味合いでは使用されていない。だから〈知的回心〉という言葉は日本語らしくない響きをもっているかもしれない。この用語はヨーロッパ古代末期を代表する哲学者アウグスティヌスの 16 歳の時のある出来事に対しオーメラというイギリスの学者が名付けたもので，intellectual conversion の訳語である。

　早熟の天才であったアウグスティヌスはカルタゴ遊学中の 16 歳のとき，すでに女性と同棲生活に入り，その翌年には一子アデオダトクスをもうけたほど愛欲の生活にふけっていた。こういう愛し愛される感性的な生活を送っていたとき，古代ローマの哲学者キケロの『ホルテンシウス』という「哲学への勧め」を書いた本を読み，感性に対する知性の対決に導かれ，信じられないほどの熱意をもって「知恵への愛」つまり「哲学」を探求するようになった。こうして生じた感性的生活から知性的な生活への大転換の出来事が「知的回心」

と呼ばれている。

　偉大な思想家の伝記を読んでみると，このような青年時代の経験が多くしるされている。このような回心へとアウグスティヌスを導いたのは人物よりも，むしろ書物であったが，プラトンのようにソクラテスという大人物に出会うことによって劇作家になろうという野望が全面的に転換するような回心もある。倉田百三が西田幾多郎の『善の研究』によって方向転換したのは前者に属し，内村鑑三が札幌農学校でクラーク先生の弟子たちに導かれたのは後者に属している。ところが平凡なわたしたちの生活ではそれほど鮮やかな全面的な方向転換といったものは生じないにしても，徐々にある方向が定まってくるのではなかろうか。

　わたしが大学生であった頃には先輩が半ば強制的に読書指導をしてくれたし，先の倉田の回心（それは『愛と認識との出発』に詳しく描かれている）のようなムードが学園に広がっていた。たとえば先輩の小汐保さんは静大の旧文理学部時代にあった映寮のわたしの部屋に入ってきて，わたしの書棚に並んでいる本を見てから，「君，高校生の読むようなものはもう止めて，もう少し大学生らしい本を読みなさい」と忠告してくれた。そこでわたしはしばらくしてから大学生らしい本に目星を付けておいて，リュックに本を一杯詰め込んで，両手にも本をかかえて静岡の七間町にあった，洋書が多く陳列されていた古本屋（三一書店）に行き，すべてを売ってある本を買った。それはギボンの『ローマ帝国衰亡史』（英文）全7巻，三千数百頁もある大冊の美装本であった。この本のことは当時から愛読していたギッシングの『ヘンリ・ライクロフトの手記』にも出ていたし，内村鑑三が若き日にアメリカのアマスト大学で読んだことも知っていた。

また当時学生の読書指導書でもあった河合栄治郎編『学生と
読書』にも必読書の星印が付いていた。最初は柳田泉の訳で
読んでみたが，全く理解できなかったので原文で読むことを
強いられたのである。そこでわたしはこの本を毎日図書館に
こもって読み続け，半年以上もかかって読了した。その間に
辞書を二冊もつぶしてしまった。難解な英文であったので，
初めはなかなか進まず苦労したが，内容が面白かったので実
際日増しに読むのが楽になっていった。そのためか大学の授
業はよくさぼった。一般教育の英語教師であった山本先生は
わたしがたまに授業に出席すると，「これはめずらしい」と
言っては，すぐにわたしを当てて訳させた。岩崎先生のテス
トはギボンで鍛えた力を発揮して満点に近い点をとったはず
だったが，成績は最低の 60 点だった。その理由を尋ねると，
半年の間に 5 回訳すように当てたのにわたしが一度も訳し
ていないから，ということであった。

　ギボンを読んだことはわたしに知的回心を起こしたわけで
はないが，これが一つのきっかけとなってヨーロッパ精神
史，とりわけ古代末期から中世にかけての思想史の世界がわ
たしの面前に開けてきたのであった。この時代の最大の思想
家を原典にあたって自分の目で確かめてみようという知的な
願望が沸き上がってきた。こうしてアウグスティヌスの歴史
哲学を卒業論文のテーマにして研究をする方向が定められる
ようになった。これも一種の回心といえないであろうか。

　　　　　　　　　　　　　　（「静大だより」1991 年四月）。

　家業を手伝って過ごした 2 年生の夏休みが終わって，秋
学期が始まる少し前にわたしはルドルフ・オットーの『聖な
るもの』をたまたま読んで非常に感動を覚えたことを記憶し
ている。そのときはまだ自覚していなかったが，宗教体験の

本質を会得したように感じた。後のルター研究の出発点がこれによって与えられたのである。まことに記念すべき体験であった。

6　職業的な読書法

　本の読み方は年齢とともに変わってくるようである。学生のころは多読であった。知的好奇心が旺盛であったからであろう。大学院に入って職業として本を読むようになってから，読書の楽しみがなくなってしまった。その後ドイツに留学して職人のような読み方を身につけた。一日に本を 30 頁くらい読んではカードを 10 枚くらい作るという仕事を毎日繰り返すのである。そのさい重要なことは頭だけ使うのではなく，頭脳労働に疲れて頭が動かなくなったら，手だけでカード作りをすることである。読んだだけでは手許に残るものは少ないからである。だが，人はこのような労働にそう長く耐えられるものではない。そこで最近ではコンピューターのスキャナーを使ってカードを作るようになった。おかげでこの作業も大分楽になった。

　最近，わたしは読書の仕方を少し変えてみた。それはわたしがまがりなりにも自分の思想にかたちを与えようとする姿勢から生まれたものである。心に貯えられている多くの思想の中から一つをとりだして，これにかたちを与えようとすると，この思想もしくはアイデアを育て形成するために，素材を得るために読書するのである。これは取材行為的な読書であって，これまではしてこなかった行為である。わたしは読書計画を立て，自分の思想を展開させるために，読書という仕事にとりかかることになる。

I　青年時代の読書体験

　これまでわたしが行なってきた専門人としての読書は本という対象がまずあって，これの語りかけを聞きながら，そこから何ものかを学びとっていく行為であり，本質的に受容的である。他方，取材行為的な読書は，本を手段として，自己の思想という価値を実現していこうとするのであるから，本質的に能動的である。しかし，いずれも職業的であって，純粋な観賞する喜びからは遠いようである。散歩は楽しいものである。買物をする場合には，散歩するのと同じ道を歩いても，買物という目的があると，ましてや重い荷物をもったりすると，どうして歩くことに楽しみがあろうか。わたしは純粋に観賞し，観照する境地に到達したいと願わずにはいられない。

　学生のころ大学の図書室にあった西田幾多郎文庫と佐藤繁彦の蔵書とを比べてみて，驚いたことがある。哲学者の本はどれも大変きれいで，線も書き込みも何も見当らない。ルター学者のものは太い鉛筆で横線と欄外書き込みに充ちていた。ルター自身の欄外書き込みも編集されて全集に収められているくらい書物と格闘したように，ルター学者の本にも格闘の跡が歴然としていた。これは明らかに職人的読書であるが，哲学者のほうは自己のためには他の著作も知らなければならない。作品は一つの世界である。だが，この世界は他の作品群との関連の中に現われていて，この関連によってその作品の意義がいっそう明らかになってくる。わたしが今友人たちと共同してアウグスティヌスの著作集を編集し翻訳出版したいと努めているのもこのためなのである。一つの著作を理解するためには，とうの著作家の全体からそれを解釈しなければならないし，著作家の全体像は個々の作品から理解されなければならない。こういう循環の中にあって理解は次第

に熟していくのである。

　わたしは大学の卒業論文も修士論文もアウグスティヌスの
著作を材料にした。ルターの研究もアウグスティヌスとの比
較から行なったのである。アウグスティヌスには，ルターの
ように神学だけに制限されていない，広い世界が開かれてい
て，多くの人たちが彼と自由に語り合うことができる。彼は
青年時代から思想的にも次第に成熟し，その思想は晩年に至
るまで発展している。だから青年も壮年も老年においても彼
と触れ合い心の共感を持ち続けることができる。わたしは彼
のうちにしばしばわたし自身を見いだして驚くことがある。
書物を通しての交際ではあるが，どうやらこの交わりには終
わりがないようである。

（「わたしと読書」＝「キリスト新聞」1979 年）

II　文学作品の読み方

1　ゲーテの「ファウスト」物語

　近代的人間の特質をその人間観において解明すると、それは合理主義と個人主義という二つの特徴をもっている。こうした人間像に固有な姿とそれに起因する運命とは文学作品の中に見事に描きだされている。わたしたちはこの種の多数の作品の中から、ヨーロッパ文学ではゲーテの『ファウスト』をその代表作として選び、そこに展開される物語を通して現代の人間観と運命とを考察してみよう。

　ファウストは16世紀の伝説的人物であり、この作品のはじめに書斎で独白するところにその人物像が明白に示されている。

　　ああ、こうしておれは哲学も、
　　法学も医学も、
　　いまいましいことに役にもたたぬ神学まで、
　　あらんかぎりの力を絞って、底の底まで研究した。
　　　　　　　　　　　　　　　　（手塚富雄訳、以下同じ）

　ここにあげられている学問は中世の大学の全学部に相当し

161

ている。彼はこの知識を引っ提げて学生たちに巨匠のごとく君臨していたけれども，実際は何も知っていないことを告白する。ここにはルネサンスに特有の万能人の姿が彷彿としてくる。しかし，知識がどんなに広大で深遠であろうとも，理性だけで人は生きるものではない。そこには感性と欲望とが渦巻いていてこそ人間といえよう。それゆえ，一方には理性が，他方には感性がファウストの心を引き裂くことになる。こうした二元的に分裂した人間像こそファウストの中に見られる姿である。「天上の序曲」においてメフィストフェレスは，神に向かって次のように語っている。

　　人間というこの世の小さい神さまはいつもおんなじ型にできていて，

　　いまでも，初めの日にあんたがつくったとおりの変妙な代物だ。

　　せめてあんたがあいつらに天の光のはしくれをおやりになっていなかったら，

　　あいつらもちっとはぐあいよく暮らしていくことができたでしょうがね。

　　人間は理性という名をつけてそれを使うが，それはただ，

　　どのけものよりももっとけものらしいけものになろうためなんだ。

　神からの光がここでは理性とみなされているが，現実には人間はその正反対な生き方に転落している。こうして理性と獣性とに引き裂かれた人間像が生まれてくる。

162

天からはいちばん美しい星をとろうとし，
地からは極上の快楽を要求する。
近いものも遠いものも，
やすみなしに騒いでいるあの胸を鎮めることはできない
のですね。

さらにこの分裂は心の内深く巣くっている。ファウストは
助手のワーグナーに次のように語って慨嘆している。

ああ，おれの胸には二つのたましいが住んでいる。
その二つが折り合うことなく，たがいに相手から離れよ
うとしている。
一方のたましいは荒々しい情念の支配に身をまかして，
現世にしがみついて離れない。
もう一つのたましいは，無理にも埃<ruby>埃<rt>ほこり</rt></ruby>っぽい下界から飛び
立って，
至高の先人たちの住む精神の世界へ昇っていこうとす
る。

ところでファウストは魔法の力を用いてでも精神の高みに
上昇しようとするが，大地の霊に「お前はおれに似ていな
い」といわれて，絶望し，自殺を決意する。そのとき復活節
の鐘の音を聞いて死を思い止まり，祭りに出かけた帰り道
に，むく犬の姿を借りて近づいてきた悪魔のメフィストフェ
レスと結託して世俗の世界に入っていく。彼が悪魔と契約し
た次のことばに近代人の本質が見事に表明されている。

おれには快楽が問題ではない。

おれは陶酔に身をゆだねたいのだ。
悩みに充ちた享楽もいい，恋に盲いた憎悪もいい，吐き
気のくるほどの歓楽もいい
さっぱりと知識欲を投げすててしまったこの胸は，
これからどんな苦痛もこばみはせぬ。
そして全人類が受けるべきものを，
おれは内なる自我によって味わいつくしたい。
おれの精神で，人類の達した最高最深のものをつかみ，
人間の幸福と嘆きのすべてをこの胸に受けとめ，
こうしておれの自我を人類の自我にまで拡大し，
そして人類そのものと運命を共にして，ついにはおれも
砕けよう。

　ファウスト的人間像はここに内なる自我の激烈な衝動に駆
られて自律する姿とそこから生じる運命にもとづいて描かれ
る。しかもこの自我は本質において力であり，不断に拡大し
て止まない膨張力である。こうしたエックスパンションとい
う特質こそ近代資本主義社会を推進させている経済力に固有
なものであり，これによって経済と人間とを結ぶ運命が近代
人に宿ることになる。しかも彼はこの運命を予感し，「つい
にはおれも砕けよう」と語って，この宿命を自己の意志に
よって内に招き入れようとする。近代人の自我は人類大にま
で膨張し，その可能性のすべてを味わい尽くして自己破壊を
引き起こすほどの恐るべき力をもっている。ファウストの悲
劇は自己の欲望によって引き寄せられるものであって，彼は
天上と地下の二つの方向へと二元的に分裂する心の病に苦し
んでいる。ここから展開するファウスト物語にここでは触れ
ることができないが，それは近代人の辿る道行きを典型的に

指し示すといえよう。

2　ドストエフスキー『悪霊』物語

　近代ヨーロッパに起こった世俗化の波によるキリスト教信仰の衰退と蔑視とはこれまで培われてきた信仰にも破壊的作用を及ぼし，無神論とニヒリズムが支配する時代を引き起こした。それでもキリスト教信仰を抹殺することはできなかった。この有様をドストエフスキーの代表作から人生物語の事例をいくつか挙げて探求してみたい。

　たとえばドストエフスキーは近代的自我の問題性をニヒリズムの観点から解明した類稀なる思想家にして偉大なる創作家ではなかろうか。現代はニヒリズムの世紀であるといわれる。一般的には，ニヒリズムは最高価値の喪失と定義され，ヨーロッパではキリスト教的価値体系の喪失，一言でいえば，「神の死」を意味する。神の死というのは，これまでの最高価値として崇められていた神が無意味になったことをいう。今日の無神論とニヒリスティックな生活感情とは，永いあいだの時代の流れによって必然的に生じてきている世紀の病ということができる。こういう時代的特徴を適切にとらえてニヒリストを如実に描いた作家で彼に優る人はいないように思われる。たとえば『カラマーゾフの兄弟』のイワンや，『悪霊』のスタヴローギンといった人物像のなかにニヒリストの真髄が見事に描き出されているといえよう。

　彼が描いたニヒリストの特質はどこに認められるであろうか。ニヒリストは最高価値たる神の存在を認めないがゆえに，道徳的判断の基準が相対化し，善悪の区別が曖昧となるという特質が指摘されている。ニヒリストは一般の道徳的感

情を踏み越えて，たとえ人生に絶望しても，なお燃えるような激しい生の衝動にかられている。だからイワンは知性が暗くなり，論理が通じなくとも，自分が生きている感動に酔いしれることのみを追求してやまない。スタヴローギンの方は情欲の世界に陶酔することのみを求めて，卑劣の限りを尽くしても生き続けようとする。この人物は能力もあり，心も優しく，美貌の持ち主である。彼のまわりには女性たちが群がり集まるが，すべてその欲望の犠牲にされてしまう。欲望は悪無限である（ヘーゲル）。ただより激烈で刺激的な欲望のみが彼を生へとかりたて，いっそう重大な犯罪へと向かわせる。彼はニヒリストであるから善悪を区別する道徳意識を喪失している。神という絶対者を否定する者は，自己を絶対視せざるをえない。自己を神となす者は道徳を超えており，何をなしてもかまわないわけである。近代人は自分以外の他者を信頼し，それに寄りかかって生きるような拠り所をもっていない。そのため他者を全く無視して自分の快感，つまり陶酔感にのみ生きる道を求めざるをえない。このような近代人の姿をドストエフスキーはスタヴローギンやイワンによって描いている。

　わたしたちはここに現代人の悪魔の力との闘争を見ることができる。悪魔の力はもはや超越的存在でも，歴史的存在でもない。そうではなく自己自身である。自己自身が悪しき力となって自己に攻撃を仕掛けてくる。それはドストエフスキーが描いたニヒリストたちの中に具現している。そこには近代的人間の究極的な形姿がその運命とともにきざみ込まれており，近代人が自我にのみ寄り頼んで，他の一切の拠り所を断ち切った場合，いかなる終末を招来するかが示される。したがって，わたしたちの自我が他者や世界，そして絶対者

166

との関係を断ち切って，自己にのみ閉じ込もるという排他的自己肯定が諸悪の根源をなしている。

　『悪霊』の中で最初は削除された「スタヴローギンの告白」の部分こそドストエフスキーの悪霊物語の最も重要な核心部分であって，そこには悪霊と良心との戦いが赤裸々に叙述される。このスタヴローギンというドストエフスキーの創作した人物は，元来は心のやさしい人であるが，善悪の区別を無視し，自己の欲望にのみ生きるニヒリストであり，それもエゴイストの卑劣漢である。彼の犯した罪の中でも少女マトリョーシャに対する行為は法律上の犯罪ではなくとも，倫理的にはもっとも卑劣な行為であり，彼女の哀れな姿が夜ごとに悪霊となって彼に現われ，彼を攻撃し，絶望のうちに沈める。この哀れな孤立無援の悲惨な彼女の有様が彼の心に焼き付いて，取りのぞくことができない。ドストエフスキーはこれを「良心の苛責」とも言い，これによって有罪の決定的な宣告を主人公が受けた，と次のように述べている。

　　わたしはマトリョーシャを見たのだった。あのときと同じように，わたしの部屋の戸口に立って，わたしに向って顎をしゃくりながら，小さな拳を振りあげていたあのときと同じように，げっそりと痩せこけ，熱をもったように目を輝かせているマトリョーシャを。いまだかつて何ひとつとして，これほどまで痛ましいものをわたしは目にしたことがない。わたしを脅しつけようとしながら，むろん，おのれひとりを責めるしかなかった，まだ分別も固まっていない，孤立無援の存在のみじめな絶望！　いまだかつて，わたしの身にこのようなことが起ったためしはなかった。わたしは深更まで，身じろぎ

167

ひとつせず，時のたつのも忘れてすわっていた。これが良心の苛責，悔恨と呼ばれるものなのだろうか。……わたしは哀れで，哀れでたまらなくなり，気も狂わんばかりだった。そして，あのときのことがなくなってくれるものなら，わたしの体を八つ裂きにされてもいいと思った。わたしは犯罪のことを，彼女のことを，彼女の死のことを悔んだのではない。ただただわたしはあの一瞬だけが耐えられなかった，どうしても，どうしても耐えられなかった，なぜなら，あのとき以来，それが毎日のようにわたしの前に現われ，わたしは，自分が有罪と認められたことを完璧に知らされたからである[1]。

　このように語られているごとく，彼が見る幻覚と悪霊は少女を凌辱したことに対する罪責意識から起こってくる。それは「良心の呵責，悔恨」と呼ばれる。彼はこの悪魔的良心の痛みから逃れようとして「告白」を書く。しかしこの告白はキリスト教的な悔い改めとは全く異質なもので，彼と同じ罪を犯しながら，良心の平穏さを保っている人々に対する挑戦状であった。
　スタヴローギンの告白についてドストエフスキー自身は次のように説明している。

　　この文書の基本思想は，罰を受けたいという恐ろしいばかりの，いつわらぬ心の欲求であり，十字架を負い，万人の眼前で罰を受けたいという欲求なのである。しかもこの十字架が生まれたのが，ほかでもない十字架を信じ

---

　1)　ドストエフスキー『悪霊』江川卓訳，新潮文庫，下巻，693頁。

ない人間のうちにであったこと。……まさしく病人は
ベットの中をもがきまわって，一つの苦痛を他の苦痛に
置き換えようとしたのであり，社会を相手とする闘いが
彼にとって最も楽な姿勢のように思われたがゆえに，彼
は社会に対して挑戦状を叩きつけたのである[2]。

　この告白を読んだチホン僧正は，「さよう，これは悔恨で
あり，あなたを打ちひじいた自然な心の要求なのです」と
認めながらも，「なぜ悔恨を恥じられるのですか」とスタヴ
ローギンに問い質している。ここには自己の告白が他者の告
発となる悔恨とは全く異質な神の前での悔恨が求められてい
る。「あなたはご自分の心理にいわばうっとりされて，実際
にはあなたのうちに存在しない非情さで読む者を驚かせよう
としておられる。これをしも，罪人の裁き手に対する傲慢な
挑戦と呼ばずしてなんと呼びましょう」とチホンは語ってい
る。こういう挑戦と自己主張が根絶されないかぎり，真の悔
恨とはいえない。悔恨によって罪の赦しを得るためにはまず
他者を赦さなければならない。愛と赦しの生命の中にあって
はじめて，悔恨は新生をもたらすのである。チホンは言う。

　　完全な無神論者は，〔なんと申しても，やはりなお〕，完
　　全な信仰に至る最後の階段に立っておりますからな（そ
　　の最後の一段を踏みこえるか否かは別として）。ところが
　　無関心な人は，愚かな恐怖心以外には何ももっておらな
　　い，いや，それとても，感じやすい人が，時たま感じる

　2）　ドストエフスキー，前掲書，546-547 頁。

程度で[3]。

　スタヴローギンは友人により「良心を責めさいなみたい情熱」をもつといわれているように，心のやさしい良心的人間である。ところが無神論者のニヒリストとしては善悪の感覚を失い，ただ情欲の刺激によって起こる陶酔感によって卑劣にも生きぬこうとする。それでも良心の呵責が彼を襲ってきて苦しめているが，彼は不信仰のゆえに真の悔い改めにいたり得ずして自殺する。

　ドストエフスキーの良心概念はルターと同様に神と悪魔の間に立つ実存を意味する。彼らは良心概念によって人間が自己を超えた力とかかわりながら生と死に導かれている姿を描いた。ところで無神論には自己神化の形態とは別の姿があり，この立場から神への信仰に至る道が拓かれる。それはニヒリズムが単なる神の否定にとどまらず，無神論を生みだしている近代的自我そのものを否定する方向をとるとき，つまりその依って立つ基底に向けて，しかもそこを突き抜けて徹底されるならば，ルターが説いた「人間の自由意志は無（ニヒル）である」という思想に近づくであろう。人間がニヒルであるという主張は，実は人間を全く超えた新しい生命への希望を逆説的に示しているのであって，ニヒルにとどまることが志向されているのではない。それはまた無から有を創造される神の活動に場を与えることを意味する。神の活動は人間におけるニヒルの自覚を伴っている。もしそうでないなら，「信仰によるのみ」という宗教改革者の主張は単なる自己確信と自己主張欲にまで堕するであろう。ドストエフス

　3）　ドストエフスキー，前掲書，656-657頁。

キーが冒頭にテクストで語った「最後の一段を踏みこえる」
飛躍こそこの信仰であるが，この信仰自身のうちには「不断
に悔い改める者」という自己否定の働きがあり[4]，しかもそ
の信仰は自らを空無化しながら，同時に全く無なるところに
有を創造する神の愛の注ぎを受けてはじめて救いに到達す
る。

　神の愛はアガペーといわれるが，この愛は残念ながらわた
したち人間からは生まれて来ない。ただ神からわたしたちの
内奥である霊にそそがれる。こうして人間は神の愛を宿すこ
とができる偉大な存在となることができる。だから人間の偉
大さは神の愛を受容することにあり，受容するためには人間
は無となって受容する霊性の作用がなければならない。

3　漱石の『こころ』物語

　ヨーロッパの風土では恥から良心への展開がみられたのに
対し，日本人の心の働きでは恥が良心の運動を抑止する傾向
が見られる。漱石の『こころ』によってこのことを明らかに
してみよう。

　この作品で恥は一般に性的羞恥心として頻繁に用いられて
いる。主人公の「先生」の精神的志向が高ければ高いほど，
身体的欲望が無自覚のうちにも羞恥をおこしているといえよ
う。また恥は社会的な領域でも用いられていて，「わたしは
自分で自分が恥ずかしいほど，きょときょと周囲を見回して
いました」と表現されている。周囲や世評，外聞や世間体を
重んずる心は日本人特有の恥の形態である。恥は「心」の

---

4)　Luther, WA. 56, 442.

「耳」と書くが，その耳が内に向かわないで外の声に向かって傾くところに日本的心性が顕著になっている。さらに恥は他者の前に立ちながらも自己に向かうことにより，内面的な自己認識にいたり，ほとんど良心と同じ意味で用いられている場合もある。それは「先生」がその友人 K に対してもつ恥の場合である。

> 彼とわたしを頭の中で並べてみると，彼のほうがはるかに立派に見えました。「おれは策略で勝っても人間としては負けたのだ」という感じがわたしの胸に渦巻いて起こりました。わたしはその時さぞ K が軽蔑している事だろうと思って，一人で顔をあからめました。しかし今さら K の前に出て，恥をかかせられるのは，わたしの自尊心にとって大いな苦痛でした。

　ここで恥は「自尊心」を傷つけるものとして理解されている。自尊心は自分の品位を尊ぶ心であって，それを傷つける恥は良心現象と同質であるといえよう。大西祝はその『良心起源論』で自尊心と恥と良心の三者の関係について次のように語っている。

> また他人の毀誉褒貶を受くる者に於て，若し毫も自身の品位を重んずるの心なく，自身の品位より見てそのように行うべき筈のもの，しか行はざるは我が保つべき品位より見て一段下れるものなりと思ふの心なくば，如何にして我名を惜み我に不似合なる卑劣の行為を恥づるの心を生ずべきぞ。而してその如くに卑劣の行為を恥ぢて自身の品位を重んずるの心には，既に予輩の所謂る良心の

心識を仮定し居るにはあらざる乎。

　大西は自己の品位を重んじる心を良心とみなし，卑劣を恥
じる心がそこから生じるという。こういう恥は良心と同質で
あるといえよう。さて『こころ』の場合，「先生」の自尊心
は実行せる卑劣な行為のため恥によって打ち砕かれ，良心の
罪責感から解放されるためには，どうしても自己の行為をK
の前で罪として告白しなければならない。彼がKに告白す
べきだという良心の告白衝動は強かったのであるが，日本人
特有の「恥の隠蔽衝動」によって抑止されてしまう。漱石は
この恥と良心の動的関連を実に見事にとらえている。Kには
偽って病気であると言いながら，ひそかに求婚し，外出して
から下宿に帰ってきてKに会ったときの状況が次のように
語られている。

　　Kに対するわたしの良心が復活したのは，わたしが宅
　の格子をあけて，玄関から座敷へ通る時，すなわち例の
　ごとく彼の室を抜けようとした瞬間でした。彼はいつも
　のとおり机に向かって書見をしていました。彼はいつも
　のとおり書物から目を放して，わたしを見ました。しか
　し彼はいつものとおり今帰ったのかとは言いませんでし
　た。彼は「病気はもう癒いのか。医者へでも行ったの
　か」と聞きました。わたしはその刹那に，彼の前に手を
　突いて，詫まりたくなったのです。しかもわたしの受け
　たその時の衝動は決して弱いものではなかったのです。
　もしKとわたしがたった二人広野のまん中にでも立って
　いたならば，わたしはきっと良心の命令に従って，その
　場で彼に謝罪したろうと思います。しかし奥には人がい

ます。わたしの自然はすぐそこで食い留められてしまったのです。そして悲しい事に永久に復活しなかったのです。

　良心の復活は「刹那」の出来事であった。それは日常性を突き破って襲ってくるものであった。「いつものとおり」が3回くり返されて日常性を示すが，その終わりには良心の呼び声により日常性の突破が生じようとしている。あざむかれているKは友のあざむきも知らないで親切な言葉をもって呼びかけている。Kのこの真実が「先生」の卑劣な心を照明し，白日のもとにさらけだしたのである。この瞬間に「先生」の良心は強い衝撃を受けて，復活したのである。そこで良心の告白衝動がほとばしり出て，Kに謝罪すべきであった。ところが，「奥には人がいます」という対社会的な意識が間髪を入れず生じてきて，周囲の人々への気遣い，世間体を重んずる心，つまり恥が良心を抑止している。良心は「わたしの自然」として語られ，その強い発動も食い止められてしまう。

　したがって友人のKが自殺したときも，良心の照明を受けながらも，世間体を気づかうことがすでに生じてくる。良心の照明は「黒い光」として次のように述べられている。「もう取り返しがつかないという黒い光が，わたしの未来を貫いて，一瞬間にわたしの前に横たわる全生涯をものすごく照らしました」と。「もう取り返しが付かない」というのは良心現象に特有の「修復不可能性」をいう。この良心の照明も「一瞬間」の出来事であり，恐怖のうちにKの遺書を読んだあとには，またも消えゆく運命をもっている。「まず助かったと思いました。（もとより世間体の上だけで助かったの

174

ですが，その世間体がこの場合，わたしにとっては非常に重大事件に見えたのです）」。この世間体をはばかる恥の形態がここでも良心の発動を遮蔽している。しかし，あの時の良心の発動は強かったため，恥をつき破るほどの破壊力をもっていた。それは友人の死を「奥さん」に知らせたとき無意識のうちに自然にほとばしり出てくる。

> その時わたしは突然奥さんの前に手を突いて頭を下げました。「済みません。わたしが悪かったのです。あなたにもお嬢さんにも済まない事になりました」とあやまりました。わたしは奥さんと向かい合うまで，そんな言葉を口にする気はまるでなかったのです。しかし奥さんの顔を見た時不意に我とも知らずそう言ってしまったのです。Kにあやまる事のできないわたしは，こうして奥さんとお嬢さんにわびなければいられなくなったのだと思ってください。つまりわたしの自然が平生のわたしを出し抜いてふらふらと後悔の口を開かしたのです。

「わたしの自然」である良心が恥の意識の強い「平生のわたし」を突破して罪の告白をなさしめている。つまり良心は恥の中にも働いていて，無意識のうちにも恥を突き破ろうとしている。こうして一瞬間ではあっても良心は照明し，真実な自己の認識にいたろうとする。しかし，すでにKがこの世にいないため，彼を傷つけた罪の告白はなしたとしても，どうして彼に対する十分な償いがなし得るであろうか。結局，十分な償いができないことを知るや，自分で自分を罰する自殺のみが残ることになる。このように「先生」は全身をもって償いの行為をせざるを得ないと感じたほど倫理的に厳

格な良心の持ち主であったといえよう。

Ⅲ　人文学の学習法

1　フレッシュマン精神

　夏目漱石の『三四郎』という作品のなかには熊本の高等学
校を卒業した学生三四郎が上京して東京の大学でフレッシュ
マンの体験をしたことが見事に語られている。上京の途中で
名古屋に泊まったとき，年増の女性に言い寄られたり，東京
に来てからもモダンな女性と交際したり，色々な人たちに出
会いながら成長していく姿が描かれている。このような出会
いがフレッシュマンを大きく育て上げていく。あるとき三四
郎は大学の図書館に入ってみた。そして哲学者ヘーゲルの
書物を借り出してみると，その本には落書が書かれていて，
ヘーゲルに対する絶賛も目に入ってくる。それを読んで彼も
感激するのであるが，このような本との出会いも大きな転換
を起こすのである。

　人生は出会いであるといわれる。他者と出会って，自分と
は別の世界を知るだけではない。他者をいわば鏡として自己
の姿が反省されるようになる。自分だけを見ていたのでは分
からなかった自分が他者を通して明瞭になる経験はきわめて
意味が深い。

　わたしは現在大学の教師をしており，欧米文化を教えてい

るが，このような文化を学び始めたのも大きな出会いがもたらしたものであった。それは中学二年生のときに経験した敗戦の経験であり，強大な軍事力をもったアメリカとの出会いであった。それまでは遊びに耽っていたわたしはこの経験を機に全面的な方向転換を強いられ，キリスト教国アメリカとその文化的背景であるヨーロッパ文化への目が開かれ，今日に至る研究が開始されるにいたったのである。

　これは異文化との出会いの経験であるが，この出会いによって自国の文化の問題点をも同時に認識するにいたった。さらに他者を知ることによって自己を識り，同時に他者の優れた点を摂取しようとするようになった。このことは個人と個人との出会いにおいても起こっている。この出会いによって個人の可能性は大きく拓かれてくるのではないだろうか。大学入試によって個人の力量がすべて知られるというようなことは決してない。むしろこれから他者や異文化との出会いによってこれまで知られなかった隠された可能性が開花してくるのではなかろうか。わたし自身教師になるなど考えても見なかった。最初は経済学を勉強して実業家になろうと考えていたが，それには自分が向いていないことをやがて知り，方向転換を余儀なくされたのである。それは一人の教師との出会いによって引き起こされた。こうしてわたしの中に眠っていた可能性が目覚めさせられたのである。

　ある可能性に目覚めたとき，それをどのように実現させていったらよいのか。わたしは習慣の力がそこでは大きく作用すると思う。習慣は第二の本性であるといわれる。それは新しい存在を造り出す働きをもっている。最初は大変苦労することでも習慣によっては楽になってくる。たとえば，古典語の学習にはこの習慣が何よりも重要である。『トム・ブラウ

ンの学校生活』という本をわたしは大学の一年生のときに読んだ記憶がある。そこにはイギリスのパブリック・スクールの生活が描かれており，古典語の学習風景も詳しく述べられていた。毎日，生徒たちは 10 行くらいを翻訳するように定められている。これを何年も繰り返して継続していくのである。10 行ならそれほど困難ではない。わたしもこれに倣って今日までラテン語の勉強を行っている。そこには習慣の力が大きく作用しており，これによってヨーロッパ文化をその源泉から学ぶ際にどれほど助けられたか図り知れない。

　大学で一年生はフレッシュマンと呼ばれる。彼はもう生徒ではない。生徒は先生や両親の指導にしたがって歩むのであるが，学生は自らの考えにしたがって自発的に研究に従事するものを言う。昔は学生のことをガクショウを言って，優れた学者を意味していた。この意味では大学の教師も一人の学生に他ならない。学徒といったほうがよいかもしれない。学生に特有なことは時間がかなり自由に使えるということである。自由な時間のことを「閑暇」という。この時間をアルバイトに使おうとする学生も多い。しかし卒業して社会に出ると否応無しに働かざるを得なくなる。せっかく与えられた閑暇である。これを有益に用いないことは愚かである。もちろん「小人閑居して不善をなす」とも言われる。つまり，つまらない人間は暇になるとよからぬことをしでかすというのである。これに対してわたしは創造的な閑暇のときをもちたいと願ってきた。暇なときにこそよく考えて将来に備えて準備をすべきであると考えている。失敗を恐れないで色々と試みてみる。自分が何に適しているのか行なってみなければ分からないからである。この意味で自己開発のときをもたれるように願って止みません。

（「ぱぴるす」聖学院大学総合図書館，第 32 号，2001 年 4 月）

2　千里の道も一歩から

　何時だったか中学生の孫が勉強する気持ちになれない，とわたしに言った。そこで孫に勉強の仕方を教えてやると，彼はそれを忠実に守り，勉強が好きになり，希望の高校にも受かり，しかも続けて良い成績を収め，奨学金まで与えられるようになった。

　それでは何をわたしは孫に語ったのであろうか。それは何事も時間をかけて試みてみるということにすぎない。たとえば一般にヨーロッパの格言で言われているように，「ローマは一日にして成らず」ということであった。それと同じことを日本では「千里の道も一歩から」と言うんだよ，一歩を歩み出すことが大事なのだと語って励ましたのであった。孫はそれを聞いて，やっと重く感じられた勉強の一歩を踏み出し，希望の高校に入学することができた。

　実はわたし自身もルターの研究を開始したときに，フォリオ版で一冊 500 頁を超える大冊が 100 冊に達するワイマル版全集を前にして絶望したことがあった。その後，就職のために上京し，給料をもらったので，神田の古書店でアウグスティヌスの 11 冊から成るベネディクト版全集を買った時にも同じことを感じた。そのとき二回に分割して支払ってもよいと古書店のご主人が言ってくれたので，その全集を購入したが，これを開いてみて細かい字が詰まったその膨大な分量に驚嘆したことがある。その後，別のところで語ったようにこの全集を使って『アウグスティヌス著作集』の翻訳に携わり，人生の時間の大部分を費やすことになったが，ラテン語

180

の誤植がこれまでも全くないのには驚嘆するしかなかった。

　アウグスティヌスの翻訳に携わったときには，この書を拡大コピーし，しかも一頁を四分の一に切り，それだけ訳すことを一日分の仕事として訳を進めていった。もし一頁の全体を目の前に置いたとすると，こんなに多く訳すのが嫌になったことであろう。しかし僅の分量しか目の前に置かないと，どうしたことか比較的楽に翻訳を続けることができた。しかもほんの僅かな時間をそれに当てることにした。まず電車に乗って座席に着くと，この紙切れを懐から出して，小さな辞書を使って訳しはじめる。20 分ぐらいすると，いつの間にか寝込んでしまう。帰宅してからもう一度例の紙を出して，できるかぎり正確な訳文を作ってノートに書き残す。こんな作業を何か月か続けていると，いつの間にか大部な著作をも完訳することができた。

　いつか学部長をしていたとき，どのように研究をしたらよいかを学生たちに話すことになり，例のラテン語の小さな紙切れを懐から取り出したことがあった。同席していた同僚の先生方も，何が出てくるかと興味津々であったらしいが，一枚の紙が出てきたのを見てびっくりしたようだ。そのときはラテン語とドイツ訳との対訳本をコピーした紙切れだったので，第二外国語の習得に頭を悩ましていた学生たちは，先生はいつもドイツ語を懐に忍ばせていると知ってすっかり驚嘆してしまった。最近もエラスムスの『対話集』の翻訳を出したが，それを知った友人は，「すごいですね」と感嘆した。だが，わたしはそれに答えた，「ときおり中断したこともあって，実に 35 年もかかったのだから，別に驚くには当たりませんよ」と。エラスムスと言うとキケロと同じくらい難解な文章家としか考えられないが，この『対話集』は模範

的な会話体の文章からなり，実はとても楽しい内容なのである。

　また，わたしは若いときにはテニスに凝って，みんなから一体，何時，研究するのかとよく尋ねられた。テニスだけではない，大学生の頃から，毎日六時には起きて，散歩するのが習慣であった。わたしは歩きながら考えているのだ，とよく強弁したものだった。年をとって心筋梗塞に倒れてからは，早朝の散歩が禁じられたので，それを午後にまわし，早朝の時間にはもっぱらラテン語の翻訳に携わって来た。それだけを20年も飽きないで続けたおかげで，相当量の翻訳を世に送ることができた。翻訳は一字一字しか進まない，真に遅々たる歩みである。それでも長い年月を経ると，訳業もかなりの分量となり，人々に感心され，かつ，喜ばれるようになった。これも先に語った諺「千里の道も一歩から」のおかげである，とわたしは考えるこの頃である。

3　外国語の習得法

　日本人が最初に学ぶ外国語は英語であるが，これには中学の二年次がきわめて重要である。外国語の基礎構文を習得する時期であるから。この時期に英語の勉強を怠った人はそれを回復するのにとても多くの努力が求められるからである。母国語にはない特定の枠組みを記憶の中に設定することは反覆して構築する以外に方法はない。ドイツ語はこの枠組みが英語の土台の上に築かれ，ラテン語はさらに複雑な形式が加わるからである。この枠組みが築かれてから，それをマスターするのに英語では10年，ドイツ語ではさらに5年，ラテン語ではさらに10年が加えられねばならない。そうする

と第 2 外国語では 15 年，ラテン語では 20 年の学習時間が必要となる。このように多くの時間が必要であることをよく理解し，つねにそれを前提すれば，語学研究はそれほど困難ではない。それ以外にも，少しずつ理解力がその途中で増すことがあるので，習得の喜びを味わうことができる。

　フランスの思想家シモーヌ・ヴェイユは『神を待ちのぞむ』の中で「注意力」の働きを強調する。「神を待ち望む」というのはギリシア語のヒュポメネー（耐え忍んで）に由来するが，いっそう切実な思いをこめて，不在なるものを待望する態度を意味する。この待望を身をもって示した例として，宴会に出ている主人をじっと待つ僕についての比喩が聖書から借用される（ルカ 12・36）。それゆえキリスト教的に思考するとは注意力をもって祈りを実行することである。祈りとは注意力を行使して心を神の方へ向けることである。注意力の性質は，祈りの性質と深くかかわっており，祈りで神との触れあいが起こるのは，ただ注意力のもっとも高い部分による。この有様は幾何学やラテン語の学習によっても示される。幾何学で証明に失敗しても注意したことに意味があるし，ラテン語を翻訳する人も主人が戸を開く音を待ち構えている僕と同じ状態に，少しでも近づきたいと思うようになってほしい。まさにそのとき，主人は僕を食卓につかせ，みずからの手で食物を与えてくれるであろう，と語られる。このような指摘はラテン語の翻訳を長く続けてきたわたしにはとても興味深いものである。

　そこで注意すべきことは外国語の習得が文法の暗記でもって実現するのではないと言うことである。むしろ辞書を引きながら，先行する訳を参照しながら，先行する訳がない場合には，近代語の訳を参照しながら，文章の訳し方を学ぶこと

ができる。また外国語をそのままで理解する方法だってある。いちいち文章を日本語に訳すだけが外国語の学習ではない。字を見て日本語に訳さないで，字を見ながら絵を見るように読むことができる。それはイメージ・リーディングであり，そのためには外国書を2000頁以上読む経験が必要とされる。昔読んだ河合栄治郎編『学生と読書』にはそのように勧められていた。ちょうど飛行機が飛び立つために時速500キロ以上の速度で2000メートルの助走が必要であるのと同じであると，そこには書かれていた。わたしの場合にはギボンの『ローマ帝国衰亡史』全7巻3600頁が助走路として使われた。その後，ヨーロッパ思想史の研究で大量の資料を読みこなすようになったとき，この読書術がどれほど役立ったか計り知れない。英語で可能なことはドイツ語でも可能となったが，ラテン語では難解でなければできるが，必ずできるとは言えない。

　外国の書物をそれが書かれている外国語で読むことの利益は計り知れない。ドイツ語の読書で体験したことを例として用いると，ハイムゼートという哲学史家の『哲学の六大問題』という非常に優れた研究書がある。大学3年次に指導教官の高橋亘先生から，2冊買ってしまったので1冊買ってくれないかと言われ，早速購入し，時間をかけて通読した経験がある。この書が20年前だったか翻訳されたので，購入して読んでみると邦訳では余りの難解さでとても理解できないことが分かった。したがって外国語は当該の言語で読むにこしたことはないことを改めて理解できた。実は先にギボンを原典で読んだのは当時の柳田泉の訳では全く理解できなかったからである。

　外国語の翻訳で重要なことは毎日少しずつ翻訳すること で

ある。余り多く訳すと，それだけで疲れてしまい，どうして
も続けて訳す気持ちがなくなってしまう。アウグスティヌス
のフォリオ版の全集をもっているが，わたしはこれをさらに
拡大コピーして4分の1に分け，それをノートにはり付け，
10-15行しか訳さない。それでも一年間続けると相当な訳文
を完成させることができる。その際，しっかりと原典に忠実
な訳文を毎日作成し，再度手を加えなくともよいような訳文
を作成することが肝心なことである。

　なお古典語の翻訳はできるかぎり原典に忠実に，しかも，
平明に訳すべきである。近代語訳には各国語に合わせて意訳
や大意訳など絶えず見受けられるが，それらはたとえ参照し
ても，利用しない方が賢明であると思われる。

4　大波小波 ── ラテン語との格闘の日々

　海辺に育った人なら知っていることだが，大きな波が寄せ
てくるあいだにも，必ず小さな波がいくつか含まれている。
だから波の高い日でもボートを沖に出すことができるし，波
に呑み込まれないで泳ぐことだってできる。しかし，これに
も限界があって台風とともに打ち寄せてくる高波に襲われた
ら，もう手の打ちようがない。
　わたしはここ4年間にアウグスティヌスとルターの著作
の翻訳にたずさわって来たのであるが，いつも念頭から去ら
なかったのはこの波のイメージであった。もちろん無力なわ
たしは大きな波にしばしば襲われて，もう駄目かと思ったこ
ともあった。ともあれ，まがりなりにも終わりまで辿り着く
ことができたのは，大波の間にも小波がいつもあるという確
信と，大波を高波や高潮と考えてはならないという警告とを

心に抱いたためである。

　アウグスティヌスとルターのラテン語を読み比べてみると，前者の方が何倍もむずかしいことが分かる。ルターの文章は訳文をテープに収めて，これを活字に起こしてもらうことができたのに，アウグスティヌスの場合にはこれができなかった。その文体のもつラテン語としての格調の高さが，それを日本語に移すことを阻んでいるといえよう。それに加えて，今回出版した「アウグスティヌスの著作集9」の『ペラギウス派駁論集』は，すべて論争と批判の書であり，相手の言い分を彼が忠実に聞いた上で，これに答えているため，論旨の展開のみならず問題自体も複雑になっている。したがって波のうねりもわたしにとって一段と高まっていると感じられたわけである。だが，論争点のなかには聖書の解釈をめぐっているものもあるため，内容的に面白くなり，波もいつしか静まってしまうこともあった。

　そうしてみると，大波のなかに小波が伴われている自然現象とは別のことが，わたしのうちに起こっていることになる。つまり，こちらの能力に応じて，あるものは大波に映り，また他のものは小波となって現われてくるのである。そこで，アウグスティヌスもまた人間であり，わたしに理解できないようなことは語らなかったであろうと腹をきめてからは，動かないペンもやっと滑りだした次第である。

　ところが，最後まで苦しみぬいたのは時制の問題と接続法の感覚であった。これを想うと，もう二度と翻訳に携わるべきではないと痛切に感じられる。どうやら波がふたたび高くなってきて，小波が見えなくなって来たようだ。

（「本のひろば」1979年11月）

Ⅳ　人文学研究の喜び

1　仕事と安息

　テレビの野球放送でよく目にするヒーロー・インタヴューの光景で，アナウンサーはお立ち台に招かれた選手に「よい仕事をしましたネ」と話している。そのときわたしはいつも「よい仕事」とは何であろうかと考える。それはホームランを飛ばしたり，三振を連続して奪ったりして，ゲームを勝利に導いた貢献を指して言っているにはちがいない。けれども，「ゲーム」と「仕事」との関係でなんとなく分からなくなってしまう。つまり「ゲーム」とは「遊び」であり，「楽しみごと」にすぎないし，単なる息抜きなのに，どうして「仕事」なのであろうかと考えてしまう。もちろん，職業野球の選手にとっては試合は仕事に他ならないにしても，「筋書きのないドラマ」といわれる面白いゲームを見て楽しんでいるわたしの側からは仕事と安息とが重なってしまうのである。もしも仕事のなかに安息が見出せるとしたら，それはどんなに素晴しいことであろうかと思うのであるが，一般にわたしたちが従事している仕事は安息と切り離されてた過酷な営みである。

　日本語の「仕事」というのは，少し前には「為事」と書か

れていて「為さなくてはならない事」を意味していた。だが，最近は「仕事」に変わった。これを文字どおりにとれば「仕える事」となり，何らかの目的なり存在に立ち向かって奉仕することを含意しているがゆえに，その意味はとても深いといえよう。つまり仕事とは単なる労働ではなくて，目的意識とか奉仕の精神とを含んでいると考えたい。したがって「あることのために献身的にかかわること」をそれは意味しているといえよう。

　さて，わたしたちは敗戦から半世紀を経過して来て，経済的に自立すべく高度成長を遂げてきたが，その時代も終わり，今では深刻な経済的な不況に陥り苦しんでいる。したがってわたしたちはこれまでの仕事と安息のあり方を反省すべきときに来ている。資本主義社会は「仕事人間」や「仕事のファナティズム」さらに「過労死」を生み出しており，「精神なき専門人，感性を欠いた享楽人」（ヴェーバー）が巷に溢れ，壮年は疲れきった暗い顔をし，青年の目から輝きが消え，老人は絶望に打ちのめされている。どうしてこうなったのであろうか。これが真剣に問われなければならない。

　まず，人間の「活動的生活」について反省がなされている。たとえばユダヤ人の政治学者アレントによると古代社会においては「観想的生活」と「活動的生活」とが対置されていたのに，近代と共に観想的生活が崩壊することによって，活動的生活の内的秩序が転倒し，生活を単に維持する労働と消費がすべてを支配するようになり，人間らしい活動の領域が失われる危機に見舞われている（H・アレント『人間の条件』第1章参照）。たしかに生きるためにのみ働くとしたら，人間らしい生活はないといえよう。ソクラテスの有名なことばに「大切にしなければならないのは，ただ生きるのでは

なく，善く生きるということなのだ」（プラトン『クリトン』
参照）とあるし，イエスも「人はパンだけで生きるものでは
ない。神の口から出る一つ一つの言葉で生きる」（マタイ 4・
4）と説かれている。

　だが，わたしたちはもはや古代人のような観想の生活に
単純には戻れないし，「祈り，働け」(ora et labora) を行動の
モットーとした中世人のように信仰の歩みを力強く保つこと
もできない。というのは近代の資本主義経済の下においては
仕事の仕方に根本的な変化が生じているからである。たとえ
ば「勤勉」ということは近代人を支える基本的な徳目であっ
たが，いつの間にか「搾取の精神」に変質してしまった。平
たくいえば，よく勉強する学生が「点とり虫」となってし
まった。本来善いものが悪いものに変質しているわけであ
る。しかも社会の仕組がそのようにわたしたちを強制してい
る。

　それでは，神への信仰によって人間らしい活動の領域を確
保できないであろうか。観想と活動との関連について学生時
代に学んだアウグスティヌスの『神の国』の次の一節がいつ
もわたしの記憶に残っていて，これまでの生活を導いてくれ
た。すなわち「何人も閑暇のうちにあって隣人の福祉を考え
ないほど暇であってはならないし，また神の観想を必要とし
ないほど活動的であってはならない」(DCD,XIX,19)。彼に
よると神の国に属する人は観想と活動との真っ直中を歩むの
である。こういう生き方が実に多くのキリスト教の信徒に
よって営まれてきたし，今日でもその実現が望まれているに
しても，それを阻んでいる障害も多いと言わなければならな
い。

　そこで「仕事」と「労働」との関連に注目してみたい。イ

エスが大工を生業とし，ペテロが漁師であって，パウロがテント職人であったのは生活を維持するためであって，それ自体に特別な意義があったのではない。狩猟や農業を主とした社会では生業それ自身に意義があろうはずがない。ところが世俗的な職業にも積極的な意味が付与され，信仰によって聖なるものを宿す手段となりうると確信するようになったのは，宗教改革による職業観の変化によってである。ルターは「職業」に Beruf というドイツ語をあてたが，それは元来「召命」という意味であり，この意味が「職業」に加えられた結果，それは「天職」という意味内容をもつにいたった。それまで通念であった伝統的職業観は，職業の意味を生活を維持する範囲で認めていて，職業に固有な積極的意義を付与してはいなかった。聖書といえども伝統的な職業観に立っており，「召されたときの身分のままにとどまりなさい」（第一コリント 7・17）という召命の勧告は「主からわけ与えられた分に応じ」各自に授けられた召命であっても，それによって神の栄光に奉仕するといった積極的な意味のものではなかった。というのは「定められた時は迫っています」(7・29) とあるように，キリストの再臨が近いとの切迫した終末の期待のうちに当時の信徒たちは生きていたため，職業や身分に召命の観念が与えられていても，それ自体には何の変化も生じていなかったからである。

　それに対し職業観の変化は職業を積極的に天職とみる思想のなかに生じてきた。中世では職業は上下の階層秩序の中に組み込まれており，「聖なる職業」に従事する聖職者たちによって俗世間は支配されていた。この「聖職」という言葉に示されているように，世俗の職業は低いものとして蔑視されていたのであるが，ルターの宗教改革によって世俗から隔離

された聖域たる修道院は完全に崩壊し，これによって聖職と世俗の職業との区別は撤廃されるようになった。そして世俗的職業の内部における義務の遂行を道徳の最高内容とみなし，世俗的な日常労働に宗教的意義が認められるようになり，神に喜ばれる生活は各人の世俗的地位から要請される義務を遂行することであるとの思想が生まれるにいたった。

　このような事態はルターの中心思想である信仰義認論から直接導きだされてきている。つまりキリスト者は神に対しては功績となる善行によらないで，ただ「信仰によってのみ」生き，隣人に対しては愛によって喜んで奉仕するように勧められた。その際，人間関係の媒体をなす職業を通して愛を具体的に実践することが力説されたのである。ここにプロテスタンティズムの職業倫理の社会的意義が認められている。ここでは安息はもっぱら信仰による霊的な生活に求められており，霊的な生によって身体的な欲望の充足は秩序づけられていた。しかし，近代における個人の意識が次第に高まるに応じて，このような職業観と生活の秩序とは維持できなくなり，職業を通しても自己の欲望を追求して止まないものに変質していった。そうすると労働は自己の欲望を拡大して満たそうとする「老獪な意識」（ヘーゲル）となり，さらに資本家は労働者から労働を賃金で買いとって大量生産に踏み切り，商品を売りさばくために経済的な世界支配にまで突っ走っていくことになる。こうして労働者は「労働における疎外」に巻き込まれ，生産物・生産行為・人間性から疎外されることになった（マルクス『経済学・哲学草稿』参照）。

　そのさい近代人にのみ認められる特質は自己の欲望を「無限に」追求するところに現われている。それは封建社会からの解放が利己主義的人間の解放にすぎなかったからである

191

（マルクス『ユダヤ人問題に寄せて』参照）。つまり中世に認められていた信仰による秩序が崩壊し，人間の欲望が無制限に拡大されたからである。したがって霊的な信仰を失うと，身体的な欲望の虜とならざるを得ないという事態に注目しなければならない。「感性を欠いた享楽人」の場合には「安息」とか「充実」とかいう感覚が全くみられない。この「充実」というのは価値感得に伴う「満足の深さ」をいうのであって，優れた価値の指標となっている（シェーラー）。というのは，充実は単なる快楽とは関係がないし，物質的な満足（たとえば満腹）は強く感じられても，表層的であり，決して深い満足を与えない。そこには「休息」はあっても「安息」はない。というのは「安息」というのは，単なる身体的な休息とは相違し，心の深みが「充実」感で満たされずには得られないからである。アウグスティヌスが『告白』の冒頭で「あなた〔神〕の内に憩うまでは安きをえない」といった宗教的な平安のように，「安息」は霊性という人間の生の深みにかかわっており，最高価値である神への信仰だけが最深の満足を与える。実際，今日の文明社会に充満しているのは空しい物質的な財にすぎず，清貧に見られる霊的充実が完全に喪失している。（「日本に生きる」『現代キリスト教倫理 3』日本キリスト教団出版局，2000 年）

2　キリスト教古代への関心

　わたしが思想や世界観にはじめて関心をいだいたのは終戦後の混迷を極めた時代であった。敗戦の挫折感が強く働いていたため，現代思想に対して嫌悪感しかもたなかった。高校二年生のときであったが，たまたまアウグスティヌスの『告

白』を郷里の古本屋で見つけ，たいへん感激して読んだこと
を覚えている。そのころルターの著作集が出はじめており，
一食ぬいてでも入手せよと先輩に言われて購入したりした。
このころから現在にいたるまで同じ思想家を研究しているこ
とを想うと，青年時代における思想との邂逅の意義を痛感せ
ざるをえない。こうしてアウグスティヌスによってわたしは
キリスト教古代への憧憬をいだくようになった。このことが
わたしにギボンの『ローマ帝国衰亡史』全七巻を原典で読了
するように駆り立て，さらに高橋亘先生についてアウグス
ティヌスを研究する気持ちを惹き起こしたのである。もちろ
ん終戦当時に感じられた終末意識が古代末期の精神状況に相
通じていることを予感させたのであろうが。

　そこでわたしはアウグスティヌスの『神の国』の歴史哲学
を卒論のテーマに選んだ。このテーマを選んだ理由を西谷啓
治先生に訊ねられたとき，わたしはマルクシズムと対決する
歴史観を学びたかったからと答えると，先生は苦笑しておら
れたが，「だが君のは深みがない」と一言いわれた。これは
痛かった。修士論文は『三位一体論』で書いた。その後，先
生はプロティノスとの比較研究を薦めて下さったが，わたし
はルターと比較することにした。わたしのルター研究に特質
があるとしたら，それはアウグスティヌスからのアプローチ
にあったといえよう。

　最近はルターよりもアウグスティヌスの研究に向かってい
て，わたしは彼の著作をいくつか訳してもみた。そして彼の
魅力にふたたびとりつかれてしまった。アウグスティヌスに
はルターにない哲学の精神が生きている。キリスト教古代の
思想家たちに共通していることは，ユスティノスに始まりオ
リゲネスを経てアウグスティヌスにいたるまで，プラトニズ

ムを媒介としてキリスト教の真理を弁証している点である。そこにギリシア精神とキリスト教とが接触し，キリスト教的叡知が美しく結実している。ヨーロッパの精神像はこの両者のうちいずれを欠いても成立することはない。二つの思想が最初に合流するところがキリスト教古代であり，暖流と寒流がふれる場所に豊かな漁場があるように，そこには未完成であっても創造に富む世界が広がっている。

（「創文」200 号 1980 年 8，9 月号）

3　ドイツ留学の思い出

　とても残念なことであるが，留学について語ったことも，何か記録として書き留めたことも皆無である。留学について語ったり書いたりすることを求められなかったからである。53 年も前のことだから留学することもまだ珍しい時代であったのにそうだった。その理由は誰もわたしに何らかの学問的な成果を期待していなかったからである。皮肉だがそうとしか今でも考えられない。当時アウグスティヌスやルターを学ぼうとする人はきわめて稀であったし，日本人ではそんな大それたことはとうてい不可能なことだと考えられていた。確かに，わたしには色々な計画があったとしても，二人の思想家のどちらをまず研究するかについても決断できていなかった。そもそもこのような偉大な思想家を原資料から学ぶこと自体が思い付かなかったことなのだ。ラテン語もまだ辞書さえない時代であった。しかも，その資料はまことに膨大で，どこから手をつけて良いのか見当も付かず，見上げてため息をつくだけであった。だが，それでも一から学ぼうとわたしは決心したのだ。

Ⅳ　人文学研究の喜び

　万歳を三唱する友人と家族に見送られて羽田を飛び立った
のは，1964 年の 8 月 31 日であった。飛行機の座席に着いた
ら，隣の席に青山隆夫君が座っていた。彼は東北大学で学ん
だドイツ文学の研究者であった。二人ともドイツ語会話が苦
手だったので，フランクフルト空港に降りたらどうしよう
か，などと真剣に話し合ったことを覚えている。その後彼は
わたしを訪ねてやって来てくれて，親しくなった。わたしは
まず会話を勉強するためにミュンヘンから電車で 1 時間ぐ
らい行ったところにある，ブランデンブルグのゲーテ・イン
スティチュートで 2 か月ドイツ語を学んだ。その結果マー
ルブルク大学の入試に合格できた。マールブルクでは有名な
お城に隣接する学寮で 1 年間過ごすことができた。日本人
はわたし一人だったので，ドイツ語での生活は初めは苦労し
たが，同じ学寮に泊まっていたダンマン先生と管理人の女性
の方の指導によって快適に過ごすことができた。ダンマン先
生の授業は宗教学概論であったが，分かり易い授業でとても
役に立った。その後先生は『アフリカの宗教』という著作を
出版し，日本をも訪問されたが，わたしは忙しくて遂にお会
いできなかった。この学寮での楽しかった生活は語ると長文
になるので断念せざるを得ないが，ルターの作品をラテン語
で一緒に読んだり，みんなでポーランド旅行をして，その途
中でアウシュビッツ強制収容所を見学したり，ポーランドの
学生と討論したり，学寮では，毎日食事をともにし，話し込
んだり，運動したりなどして，すこしも退屈することなどな
かった。また学寮では博士論文を書いている友人とも親し
くなり，どのように論文の準備をするのか教えてもらった。
カードを作って論文に備えることなどを知り，それから毎日
のようにテクストを何ページか決めて読み，一日に少なくと

も10枚のカードを作ることをわたしも直ぐに開始した。この職人のような作業を身に着けることがその後どんなに役立ったか計り知れない。

　マールブルク大学ではベンツ先生の指導で研究を続けた。先生は以前に京都大学で集中講義を受けていたので，直ぐに親しくなり，指導を受けることができたが，翌年の春学期には病気のため指導が受けられなくなった。それはとても残念であった。その代わりに宗教学のゴールダーマー先生の指導を受け，ドクトラントにしてもらったが，わたしは事情があり1年間で帰国することになり，博士論文を書くには至らなかった。当時できれば「ルドルフ・オットーのルター解釈」を問題にしてみようと思っていたが，その当時は完成に至らず，資料を収集することしかできなかった。この大学ではルター学者のエーベリングの集中講義に出席することができた。これは真に幸いであった。彼の著作『マルティン・ルター──その思索への入門』がその頃出版されたので，早速購入し読んでみて，どんなに役立ったかしれない。また，ちょうどその頃，パネンベルクの『人間とは何か──神学の光で見た現代の人間学』が出版されたので，すぐに入手し，キリスト教人間学の意義とその重要性を学ぶことができた。こうして将来の研究の方法を学んだ上に，ルター研究と人間学という学問研究への手がかりを得て，帰国することができた。

4 人文学研究の成果と喜び
── 学部1年次生から今日までの歩み

　ヨーロッパ精神史を人間学の視点から解明するのがわたし

自身これまで行なってきた研究である。人間学の視点という
ものは人間が自己自身を全体としていかに理解しているかと
いう自己理解から思想や世界観などを解釈していく試みであ
る。そうすると難解な用語や言い回しも比較的わかりやすく
なるし、時代により思想が特定の様式を共通に帯びているこ
とや、今日のわたしたちとの関連もつきやすくなる。

　このような人間学的方法をわたしは最初三木清の『パスカ
ルにおける人間の研究』から学んだ。それは大学一年生の時
で、このことがわたしに哲学を研究するように仕向けたので
ある。三木清は主としてディルタイの解釈学から人間学的方
法を確立したので、わたしも思想家のテクスト解釈にこの方
法を応用していった。

　こうして一年生のとき、「シェイクスピアの人間理解」と
いう一文を静岡大学仰秀寮の雑誌に載せたことを記憶してい
るが、その文章は散逸してしまった今は手許にない。当時は
シェイクスピアに夢中になっていたので、人間学的観点から
エッセイ風に書いたのであった。この方法はその後の哲学
の研究でも継続され、わたしの最初の学術書『ルターの人間
学』の表題には明らかにこの「人間学」が登場し、次のアウ
グスティヌスの研究書も同様である。ヨーロッパ精神史では
人間学は 17 世紀ごろまではキリスト教の教義の一部門を占
めていた。だからアウグスティヌスやルターといった大思想
家に対してその人間論がいつも研究されてはいたが、人間学
的方法が自覚的に適用されるようになったのは最近のことで
ある。

　ところで現代の人間学にも当然のことながらわたしは関心
を寄せてきた。それは現代の自然科学とりわけ生物学の成果
を受容した上で、人間と生物との徹底した比較によって展開

しており，マックス・シェーラーによって創始されている。
わたしは現在のところこのシェーラーにおける現象学的人間
学を研究し，その全体像を批判的に解明しつつ人間学の現代
的意義を明らかにしようと試みている。こうした研究はヨー
ロッパ精神史の特殊研究に属しているが，現代に生きるわた
したち自身の人間学的理解に貢献するものでなければならな
い。歴史の研究は総じて現在の要請に答えるものであり，か
つ日本人としての自己理解に当然導かれる。

　こういう問題意識から『対話的思考』，『あいだを生きる自
己』，『恥と良心』，『愛の秩序』などを公にし，人間学の現代
的考察をもわたしは続けてきた。そして今はこれまでの個別
的研究成果を全体として『哲学的人間学』にまとめたいと
願っている。三木清の全集には『哲学的人間学』が未完成の
遺稿として収められている。シェーラーも同名の書物の公刊
を予告しながら果たさなかった。わたしの場合には思想的な
未熟のゆえに人間学を完成するにいたらないかもしれない。
だが，これまでの仕事でもなにかの役に立つように，またの
ちに続く研究者たちがわたしの始めたことを立派に完成する
ようにと願っている。

　　　　　　（パンフレット「静岡大学人文学部案内」1991 年 4 月）

あ と が き

　お読みくださってありがとうございます。どうでしたか。最初の文章は少しむずかしかったかもしれませんが，こういう文章も慣れると気楽に読めるようになります。また終わりにはわたしの経験を沢山並べましたが，参考にしていただけたら幸いです。人は生まれながら一人として同じ人がいないように，各人は各様な経験をすることになります。ですから，他の人と自分とを絶対に比較してはいけません。あなたがたはそれぞれの人生経験に忠実であることが大切なことですので，時代も環境もことごとく違っているのですから，単純な比較はやめにしましょう。

　確かに，若いときには大学に入っても，一体何を勉強して良いのか全く分からないものです。わたしは高校生の時から英語が少し好きだったので，英文学を研究してみようかと考えたことがあります。そのとき齊藤勇『英詩概論』というのを読んでみて，これはわたしには無理であると直観的に思ったことがあります。後に国際基督教大学に就職して助手として働いていた頃，図書係でもあったので，研究図書のことでこの齊藤先生ともお話しする機会がありました。そのころ，わたしはディルタイの解釈学に凝っていましたので，哲学だけではなく，文学にも解釈学は必要ではないでしょうかと，質問すると，先生も興味を示され，もう少し詳しく話してくださいと言われました。かつては大先生と思われた齊藤先生とも文学についてお話しできるようになったことは，わたし

にとって驚くべきことだったのです。このように人文学の分野は最初は分からないことがあっても次第に勉強を重ねていくと，先生方ともお話しができるようになります。ですから，あなたにとってこの本がすこし難しく感じられても，続けて探求することを止めないでください。そうすれば，その人なりにきっと成長することができるからです。

　ヨーロッパのことわざに「ゆっくり急げ」（festina lente）という一見すると矛盾したような警句があります。エラスムスがわたしの翻訳した『格言選集』（知泉書館，2015 年）で詳しく説明していますが，要するに何事にも急いで着手し，ゆっくり時間をかけてそれを仕上げなさいという意味です。皆様にもこの格言をわたしからお贈りしますので，人文学研究に応用してみてください。

　2020 年 8 月 7 日

金 子 晴 勇

金子　晴勇（かねこ・はるお）

昭和 7 年静岡県に生まれる。昭和 37 年京都大学大学院文学研究科博士課程修了。聖学院大学総合研究所名誉教授，岡山大学名誉教授，文学博士（京都大学）〔著訳書〕『キリスト教人間学』『愛の思想史』『ヨーロッパの人間像』『人間学講義』『ヨーロッパ人間学の歴史』『現代ヨーロッパの人間学』『エラスムスの人間学』『アウグスティヌスの知恵』『アウグスティヌスとその時代』『アウグスティヌスの恩恵論』，ルター『後期スコラ神学批判文書集』，ルター『生と死の講話』『ルターの知的遺産』『知恵の探究とは何か』『エラスムス「格言選集」』，『エラスムス「対話集」』，コックレン『キリスト教と古典文化』(以上，知泉書館)，『ルターの人間学』『アウグスティヌスの人間学』『マックス・シェーラーの人間学』『近代自由思想の源流』『ルターとドイツ神秘主義』『倫理学講義』『人間学―歴史と射程』（編著）(以上，創文社)，『宗教改革の精神』（講談社学術文庫），『近代人の宿命とキリスト教』（聖学院大学出版会），『キリスト教霊性思想史』，アウグスティヌス『ペラギウス派駁論集 I–IV』『ドナティスト駁論集』『キリスト教神秘主義著作集 2 ベルナール』『アウグスティヌス〈神の国〉を読む―その構想と神学』(以上，教文館) ほか。

〔人文学の学び方〕　　　　　　　　　　ISBN978-4-86285-321-9

2020 年 9 月 10 日　第 1 刷印刷
2020 年 9 月 15 日　第 1 刷発行

著　者　　金　子　晴　勇
発行者　　小　山　光　夫
印刷者　　藤　原　愛　子

発行所　〒113-0033 東京都文京区本郷 1-13-2　　株式会社 知泉書館
　　　　電話 03 (3814) 6161 振替 00120-6-117170
　　　　http://www.chisen.co.jp

Printed in Japan　　　　　　　　　　　印刷・製本／藤原印刷